もくじ

三省堂版 英語2年

リスニング音声は
こちらから聞けるよ!

テストの範囲や
学習予定日を
かこう!

学習計画	
出題範囲	学習予定日
5/14	5/10
テストの日	5/11

音声を web サイトよりダウンロードする
ときのパスワードは 『**9VEKW**』 です。

JN096360

This Month's Books

テストに出る! **ココ**が**要点**&**チェック!**

過去形 / 助動詞 can / 前置詞   教 p.5〜p.7

1 過去形(復習) ➡️⭐(1)(2)

一般動詞には,過去形が(e)d で終わる規則動詞と,不規則に変化する不規則動詞がある。規則動詞も不規則動詞も,疑問文・否定文では did を使う。

規則動詞 He watched TV last night.
(e)d をつける 彼は昨夜,テレビを見ました。

不規則動詞 He wrote a letter yesterday.
write の過去形 彼はきのう,手紙を書きました。

・ **be 動詞の過去形** ・
▶am, is ⇒ was
I was busy.「私は忙しかったです。」
▶are ⇒ were
We were tired.
「私たちは疲れていました。」

2 助動詞 can(復習) ➡️⭐(3)(4)

「〜(することが)できます」は can で表し,動詞の前に置く。主語が何であっても,動詞は原形にする。否定形は cannot[can't],過去形は could となる。

She can play the piano. 彼女はピアノをひくことができます。
〈can + 動詞の原形〉

I cannot go with you. 私はあなたといっしょに行くことはできません。
cannot[can't]

3 前置詞を使った表現 ➡️⭐(5)〜(7)

of, to, with などを前置詞という。これらは〈前置詞 + 名詞〉の形で所有や位置,方向などを表す。また特定の動詞や形容詞と結びつくこともある。

I saw a woman with long hair. 私は長い髪の女性に会いました。
with 〜「〜を持っている」

In fact, I got into trouble. 実は,私はやっかいな事態に巻き込まれました。
「実は」 get into 〜「〜になる,かかわる」

☆チェック! ( )内から適する語を選びなさい。

1
☐ (1) Mike (plays / played) soccer yesterday. マイクはきのう,サッカーをしました。
☐ (2) I (go / went) to the party last night. 私は昨夜,パーティーに行きました。

2
☐ (3) Tom can (speak / speaks) Japanese. トムは日本語を話すことができます。
☐ (4) They (can't / don't) play the guitar. 彼らはギターをひくことができません。

3
☐ (5) He came (from / to) China. 彼は中国から来ました。
☐ (6) Do you know that girl (on / with) a bag? あなたはかばんを持ったあの女の子を知っていますか。
☐ (7) They got (at / into) trouble. 彼らはトラブルに巻き込まれました。

☆チェック! の答えは次ページ ⤴

テスト対策問題

テスト対策★ナビ

リスニング

♪ a01

1 対話を聞いて，最後の文に対する応答として最も適切なものを選び，記号で答えなさい。

(1) ア　Yes, I do.　　　　　　　イ　Yes, I can.
　　ウ　Yes, it is.　　　　　　　　　　　　　　　　（　　）

(2) ア　I sometimes take pictures.　イ　I like animals, too.
　　ウ　I visited the museum with my family.　　　（　　）

2 (1)〜(6)は単語の意味を書きなさい。(7)〜(10)は日本語を英語にしなさい。

(1) origin （　　　　　） (2) detective （　　　　　）
(3) job （　　　　　） (4) clever （　　　　　）
(5) strange （　　　　　） (6) naughty （　　　　　）
(7) だれでも ＿＿＿＿ (8) 真ん中(の) ＿＿＿＿
(9) 病気の ＿＿＿＿ (10) 調査する ＿＿＿＿

2 重要単語
(3)(4)カタカナでも使われている。

3 次の日本文にあうように，＿＿に適する語を書きなさい。

よく出る (1) 実は，その話は本当ではありません。
＿＿＿＿ ＿＿＿＿, that story is not true.

(2) その言葉はヒンディー語に由来します。
The word ＿＿＿＿ ＿＿＿＿ Hindi.

ミス注意! (3) ケイトは黒い髪の男性に会いました。
Kate met a ＿＿＿＿ ＿＿＿＿ black hair.

3 重要表現
(2) come from 〜
「〜に由来する」

おぼえよう!
前置詞 with
「〜といっしょに」
「〜を持っている」
「〜と」「〜を使って」

4 〔　〕内の語句を並べかえて，日本文にあう英文を書きなさい。

(1) 彼はその著者にこの手紙を書きました。
〔 letter / to the author / this / wrote / he 〕.
＿＿＿＿＿＿＿＿＿＿

ミス注意! (2) 私の妹はとても速く走ることができます。
〔 very fast / can / run / my sister 〕.
＿＿＿＿＿＿＿＿＿＿

4 過去形(復習)，「〜できます」
(1)不規則動詞
(2)

ミス注意!
「〜できます」は〈can＋動詞の原形〉。
主語に応じて形がかわらない。

5 次の日本文を英語になおしなさい。

(1) 私たちはきのう，東京に行きました。
＿＿＿＿＿＿＿＿＿＿

(2) あなたはピアノをひくことができますか。
＿＿＿＿＿＿＿＿＿＿

5 英作文
(1)過去の文。go「行く」は不規則動詞。
(2) can の疑問文。

テストに出る!
予想問題

Starter
This Month's Books

⏱ 30分

/100点

🎵 ① 対話と質問を聞いて，その答えとして適する絵を選び，記号で答えなさい。　🎵 a02　〔4点〕

ア　　　　　イ　　　　　ウ　　　　　エ

（　　　）

② 次の日本文にあうように，＿＿に適する語を書きなさい。　3点×4〔12点〕

(1) マイクは祖母と暮らしています。

Mike ＿＿＿＿＿＿ ＿＿＿＿＿＿ his grandmother.

(2) 毎年，たくさんの人々がこの祭りに来ます。

Every year, ＿＿＿＿＿ people come ＿＿＿＿＿ this festival.

(3) これらの本はとても人気のあるシリーズものです。

These books are very ＿＿＿＿＿ ＿＿＿＿＿.

やや難 (4) 彼はやっかいな事態に巻き込まれませんでした。

He ＿＿＿＿＿ ＿＿＿＿＿ ＿＿＿＿＿ trouble.

よく出る ③ 次の文の＿＿に，（　）内の語を適する形にかえて書きなさい。　4点×5〔20点〕

(1) The boys ＿＿＿＿＿ baseball three days ago. （play）

(2) She ＿＿＿＿＿ bread last Sunday. （bake）

(3) Paul ＿＿＿＿＿ the nice cap last summer. （buy）

(4) We ＿＿＿＿＿ a good time last night. （have）

(5) They ＿＿＿＿＿ Japanese history yesterday. （study）

④ 次の文を（　）内の指示にしたがって書きかえなさい。　4点×4〔16点〕

(1) We go to our uncle's house every year. （下線部を last にかえて）

＿＿＿＿＿＿＿＿＿＿＿＿＿＿＿＿＿＿＿＿＿＿＿＿＿

(2) She ate sushi. （疑問文と No で答える文に）

＿＿＿＿＿＿＿＿＿＿＿＿＿＿＿＿ — No, ＿＿＿＿＿＿＿.

(3) He can make curry. （疑問文と Yes で答える文に）

＿＿＿＿＿＿＿＿＿＿＿＿＿＿＿＿ — Yes, ＿＿＿＿＿＿＿.

ミス注意! (4) I saw a man in the park. （下線部を two にかえて）

＿＿＿＿＿＿＿＿＿＿＿＿＿＿＿＿＿＿＿＿＿＿＿＿＿

5 次の英文を読んで，あとの問いに答えなさい。　〔12点〕

> Sir Arthur Conan Doyle ①(write) the *Sherlock Holmes* stories. ②<u>They</u> are famous around the world.　In fact, the name of a Japanese manga detective ③(_____) (_____) Doyle's middle name.

(1) ①の( )内の語を過去形になおしなさい。　〈4点〉

_____

(2) 下線部②が指すものを本文中の英語4語で書きなさい。　〈4点〉

_____ _____ _____ _____

(3) 下線部③が「ドイルのミドルネームに由来する」という意味になるように，( )に適する語を書きなさい。　〈4点〉

_____ _____

6 〔 〕内の語句を並べかえて，日本文にあう英文を書きなさい。　4点×4〔16点〕

(1) 彼女は皿をすべて洗いました。
〔 the / washed / all / she / dishes 〕.

_____

(2) その物語の主人公はだれですか。
〔 the main / of / who / character / is / the story 〕?

_____

(3) 今日，私の家に来ることができますか。
〔 my house / you / can / to / come 〕 today?

_____ today?

(4) その著者は世界中で有名です。
〔 world / is / around / the author / the / famous 〕.

_____

7 次の日本文を英語になおしなさい。　5点×4〔20点〕

(1) 私はきのう，数学の宿題をしました。

_____

(2) 彼女は今日，テレビを見ることができません。

_____

(3) 彼は今朝，マリア(Maria)からの手紙を受け取りました。

_____

(4) 奈々(Nana)は長い毛のイヌを飼っています。

_____

Lesson 1

Peter Rabbit 〜 文法のまとめ①

テストに出る！ ココ が 要点 & チェック！

接続詞

教 p.8〜p.20

1 when 「〜（する）とき」，「〜（した）とき」

➡★(1)

「〜（する）とき」，「〜（した）とき」と時についていうときは〈when＋主語＋動詞 〜〉で表す。
when 〜が文の前半にくるときはコンマ(,)を入れる。後半にくるときはコンマ(,)は不要。

When my mother came home , I was watching TV.

　　　　文の前半にくるときは，コンマを入れる◀━┘

＝I was watching TV when my mother came home.

　　　　　　　　　　　　　　└▶文の後半にくるときは，コンマは不要

母が家に帰ってきたとき，私はテレビを見ていました。

When he gets to the station, he'll call you.

　　　　└▶when 〜の部分では，未来のことも現在形で表す

彼は駅に着いたら，あなたに電話をかけるつもりです。

2 if 「もし〜ならば」

➡★(2)

条件や仮定を加えていうときは〈if＋主語＋動詞 〜〉で表す。when 〜と同じく，if 〜が文の後半
にくるときはコンマ(,)は不要。

If it is clear , we will play baseball.

　　　　└▶文の前半にくるときは，コンマを入れる

＝We will play baseball if it is clear.

　　　　　　　　　文の後半にくるときは，コンマは不要

もし天気がよければ，私たちは野球をします。

・条件や仮定を表す if ・
▶if 〜のあとに続く文は，未来のことも現在形で表すので注意すること。

3 that 「〜ということ」

➡★(3)

「〜ということ」は〈that＋主語＋動詞 〜〉で表す。この that で始まる文は動詞の目的語になる。
that は会話ではよく省略される。

I think (that) the book is interesting.

　　　　　　　　└▲動詞 think の目的語になる

その本はおもしろいと思います。

4 because 「〜なので」

➡★(4)

理由や原因を加えていうときは，because 〜で表す。Why 〜? の質問に対して答えることもできる。

Takeshi couldn't see a panda because many people were at the zoo.

動物園には多くの人がいたので，武志はパンダを見ることができませんでした。

5 その他の接続詞(and, or, but)

➡★ (5)～(7)

語句と語句，文と文をつなぐときは，～ and ... 「～と…」，～ or ... 「～または…」，～ but ... 「～しかし…」を使う。

I'm going to buy <u>onions</u> and <u>eggs</u>.　私は<u>タマネギ</u>と<u>卵</u>を買う予定です。
A と B

Which do you want, <u>comics</u> or <u>magazines</u>?　あなたは<u>漫画の本</u>と<u>雑誌</u>のどちらがほしいですか。
A か B のどちらか

<u>Ken went to the library</u>, but <u>it was closed</u>.　健は<u>図書館へ行きました</u>が，<u>閉まっていました</u>。
but の前後が対立する内容

助動詞

教 p.18～p.19

6 「～してもいいですか」

➡★ (8)

ていねいに許可を求めるときは，〈May I＋動詞の原形 ～?〉で表す。答えるときは，Sure. や I'm afraid you may not. などを使う。

たずね方 May I try on this shirt?　このシャツを試着してもいいですか。
↳「～してもいいですか」

答え方 — Sure.　　　　　　　　　　— もちろん。

┌─────── 許可を求める表現 ───────┐
▶許可を求めたいときは Can I ～? でも表現できる。こちらは友達などの親しい人に使うことが多い。
└────────────────────────┘

- -

☆チェック!　( )内から適する語を選びなさい。

1 ☐ (1) (When / If) Jenny was going home, she met her friend.
ジェニーが帰宅していたとき，彼女の友達に会いました。

2 ☐ (2) I'll be happy (or / if) you come to my bakery.
もしあなたが私のパン店に来てくれたら，私はうれしいです。

3 ☐ (3) Aya thinks (that / because) Asahi Park is beautiful.　彩は,あさひ公園は美しいと思っています。

4 ☐ (4) We were tired (if / because) we cleaned all the rooms in the house.
私たちは家のすべての部屋をそうじしたので，疲れていました。

5 ☐ (5) I went to the aquarium (and / but) saw a lot of fish.
私は水族館へ行って，たくさんの魚を見ました。

☐ (6) Which did you drink, tea (and / or) coffee?　あなたはお茶かコーヒーのどちらを飲みましたか。

☐ (7) Sam went to a store, (but / and) he didn't have his wallet.
サムは店に行きましたが，彼のさいふを持っていませんでした。

6 ☐ (8) (May / Will) I use this computer?　このコンピューターを使ってもいいですか。
— (Really? / Sure.)　　　　　　　　— もちろん。

テスト対策問題

テスト対策☀ナビ

リスニング

♪ a03

1 対話を聞いて，内容にあう絵を選び，記号で答えなさい。

ア　イ　ウ　エ

（　　　）

2 (1)〜(6)は単語の意味を書きなさい。(7)〜(10)は日本語を英語にしなさい。

(1) find 　　（　　　　　）　　(2) catch 　　（　　　　　　）

(3) outside 　（　　　　　）　　(4) useful 　（　　　　　　）

(5) recently 　（　　　　　）　　(6) more 　　（　　　　　　）

(7) 起こる 　＿＿＿＿＿＿　　(8) かしら(と思う) ＿＿＿＿＿

(9) 希望する,望む ＿＿＿＿＿　　(10) 重要な 　＿＿＿＿＿＿

3 次の日本文にあうように，＿＿に適する語を書きなさい。

(1) 美香はまっすぐに自分の部屋へ行きました。

Mika went ＿＿＿＿＿＿ ＿＿＿＿＿＿ her room.

よく出る (2) 私は先月，初めて北海道を訪れました。

I visited Hokkaido ＿＿＿＿＿ ＿＿＿＿＿ ＿＿＿＿＿
＿＿＿＿＿ last month.

(3) 昔々，1人の男性が小さな町に住んでいました。

＿＿＿＿＿＿ ＿＿＿＿＿＿ ＿＿＿＿＿ ＿＿＿＿＿, a man
lived in a small town.

(4) サムはその時，勢いよく走り去りました。

Sam ＿＿＿＿＿＿ ＿＿＿＿＿＿ then.

(5) ジョシュは演奏会でうまくやりました。

Josh ＿＿＿＿＿＿ ＿＿＿＿＿＿ at the concert.

ミス注意! **4** 〔　〕内の語や符号を並べかえて，日本文にあう英文を書きなさい。

(1) 私が学校に着いたとき，理恵は勉強していました。

〔 Rie / got / when / to / school / studying / I / was / , 〕.

＿＿＿＿＿＿＿＿＿＿＿＿＿＿＿＿＿＿＿＿＿＿

(2) もし疲れていなければ，私を手伝ってください。

〔 you / tired / help / me / please / not / if / are 〕.

＿＿＿＿＿＿＿＿＿＿＿＿＿＿＿＿＿＿＿＿＿＿

サイドバー

2 重要単語

おぼえよう!

不規則動詞
catch → caught
eat → ate
find → found
have → had
speak → spoke

3 重要表現

(1) straight は「まっすぐに」という意味。

(2)(3) どちらも time を使って表現できる。

(4) rush「勢いよく走る」

(5)「うまくやる」は do well。過去形に注意。

4「〜（する・した）とき」「もし〜ならば」

ミス注意!
when 〜や if 〜はコンマ(,)があれば文の前半，なければ文の後半にくる。

p.7 答　(1) When　(2) if　(3) that　(4) because　(5) and　(6) or　(7) but　(8) May, Sure.

5 次の英文を読んで，あとの問いに答えなさい。

> ①(　　　)(　　　) Peter got home.　He didn't say anything ②[too / he / because / tired / was].　His mother wondered, "What happened?"　She didn't ask.　She just put Peter to bed and ③(make) chamomile tea for him.
> "Good night, Peter."

(1) 下線部①が「ついに，ピーターは家に帰りました。」という意味になるように，(　)に適する語を書きなさい。

(2) 下線部②が「彼はあまりに疲れていたので」という意味になるように，〔　〕内の語を並べかえなさい。

_____

(3) ③の(　)内の語を過去形にしなさい。　_____

6 次の英語を日本語になおしなさい。

(1) I think that this book is interesting.
(　　　　　　　　　　　　　　　　　　　　)

(2) Mika will study math or science tomorrow.
(　　　　　　　　　　　　　　　　　　　　)

7 次の日本文にあうように，____に適する語を書きなさい。

(1) あなたの鉛筆を使ってもいいですか。— もちろん。
_____ _____ use your pencil?
— _____.

(2) 窓をあけてもいいですか。— すみませんが，あけてはいけません。
_____ _____ open the window?
— I'm _____ you may not.

8 次の日本文を英語になおしなさい。

(1) もしあなたがサッカーが好きなら，いっしょにそれをしましょう。
_____

(2) あなたは私がアメリカ合衆国出身だと知っていますか。
_____

(3) 彼はきのう遅くに寝たので眠いです。
_____

(4) 私は電話に走りましたが，それを取りそこないました。
_____

5 本文の理解
(1)「ついに」
(2)because「〜なので」を使った文。
(3)不規則動詞

6「〜ということ」「〜または…」
(1)that で始まる文は think の目的語になる。
(2)or は math と science をつないでいる。

7「〜してもいいですか」

ポイント
「すみませんが〜[残念ですが〜]」は I'm afraid 〜で表す。

8 英作文
(1)if「もし〜ならば」を使う文。
(2)that は省略することもできる。
(3)理由を表すときは because。
(4)「しかし，だが，けれども」は but で表す。

テストに出る！
予想問題

Lesson 1
Peter Rabbit 〜 文法のまとめ①

🕐 30分

/100点

🎵 **1** 対話を聞いて，内容にあう絵を選び，記号で答えなさい。　　　♪ a04　〔4点〕

ア　　　イ　　　ウ　　　エ

（　　　）

2 次の日本文にあうように，＿＿＿に適する語を書きなさい。　　　3点×5〔15点〕

(1) ある日，良太は道で鈴木先生に会いました。

＿＿＿＿＿＿＿＿ ＿＿＿＿＿＿＿＿ Ryota met Ms. Suzuki on the street.

よく出る (2) 1冊の本はこの箱に，もう1冊はあの箱に入れてください。

Put ＿＿＿＿＿＿ book in this box and ＿＿＿＿＿＿ ＿＿＿＿＿＿

in that box.

(3) 私の姉は彼女のかばんをさがしていました。

My sister was ＿＿＿＿＿＿ ＿＿＿＿＿＿ her bag.

(4) ついに，渉は明かりを消しました。

＿＿＿＿＿＿ ＿＿＿＿＿＿ Wataru turned off the light.

(5) 決してこの川で泳いではいけません。

＿＿＿＿＿＿ swim in this river.

3 次の文に（　）内の語を入れるとき，適切な位置の記号を〇で囲みなさい。　　　4点×3〔12点〕

(1) I ア played イ basketball ウ I was エ a student.　（when）

ミス注意! (2) My ア father イ wanted ウ a dog エ a cat.　（or）

(3) Do you ア think イ your sister ウ is kind エ ?　（that）

4 次の文を（　）内の指示にしたがって書きかえなさい。　　　4点×3〔12点〕

(1) Mika will be happy.　（後ろに「もし彼女がこの写真を見たら」という意味を加えて）

＿＿＿＿＿＿＿＿＿＿＿＿＿＿＿＿＿＿＿＿＿＿＿＿＿＿＿＿

(2) Bob is a dancer.　（that を使わずに「あなたは〜だと知っていますか」という文に）

＿＿＿＿＿＿＿＿＿＿＿＿＿＿＿＿＿＿＿＿＿＿＿＿＿＿＿＿

(3) I have a menu.　（「〜をいただけますか」という文に）

＿＿＿＿＿＿＿＿＿＿＿＿＿＿＿＿＿＿＿＿＿＿＿＿＿＿＿＿

5 陸とブラウン先生は *Peter Rabbit* について話しています。次の対話文を読んで，あとの問いに答えなさい。 〔13点〕

Ms. Brown:	Wonderful. ①I read it [was / child / when / a / I].
Riku:	Did you like it?
Ms. Brown:	Yes. ②(　　　) you want (　　　) English book, ③I'll lend (　　　) to you.
Riku:	Thank you.

(1) 下線部①の [ ] 内の語を並べかえて，意味の通る英文にしなさい。 〈5点〉

I read it _____ .

(2) 下線部②が「もしあなたが別の英語の本がほしければ」という意味になるように，(　) に適する語を書きなさい。 〈4点〉

_____ , _____

(3) 下線部③の (　) に適する語を下から選び，記号で答えなさい。 〈4点〉

ア one　　イ ones　　ウ them (　　　)

6 [ ] 内の語句や符号を並べかえて，日本文にあう英文を書きなさい。 5点×4〔20点〕

(1) 私のいすをここに置いてもいいですか。 [put / may / chair / I / my] here?

_____ here?

(2) ケイトは海へ行きましたが，泳ぎませんでした。

[swim / but / went to / the sea / Kate / didn't / she / ,].

_____

(3) もし晴れなら，私の同級生はテニスを練習するつもりです。

[practice / will / tennis / it's / if / my classmates / clear].

_____

(4) 私は，健はあした元気になると思います。

[will / fine / Ken / I / that / be / think] tomorrow.

_____ tomorrow.

7 次の日本文を英語になおしなさい。 6点×4〔24点〕

(1) 私は 10 歳のときに，この映画を見ました。

_____

(2) あなたは米とパンのどちらがほしいですか。

_____

(3) ポール(Paul)が家に帰ったとき，彼の母は料理をしていました。

_____

(4) もしあなたが眠いのならば，寝なさい。

_____

Lesson 2

My Dream 〜 文法のまとめ②

テストに出る！ **ココ が 要点 & チェック！**

to 不定詞（to＋動詞の原形）

数 p.21〜p.38

1 「〜すること」（名詞用法）

➡️★(1)〜(3)

〈to＋動詞の原形〉の形を to 不定詞という。「〜すること」という意味で，動詞の目的語になるなど，名詞と同じはたらきをする。（＝名詞用法）

Koji wants　　　　　the book.
主語　動詞　　　　　目的語（名詞）

耕司はその本がほしい。

Koji wants to read the book.
主語　動詞　「その本を読むこと」（名詞と同じはたらき）

耕司はその本が読みたい。

My dream is to be a teacher.
主語　be動詞
→「私の夢」＝「教師になること」（名詞と同じはたらき）

私の夢は教師になることです。

・よく使う表現・

want to 〜	〜したい（＝〜することを欲する）
like to 〜	〜するのが好き
start to 〜	〜し始める
My dream is to 〜	私の夢は〜ことだ
My plan is to 〜	私の計画は〜ことだ
My job is to 〜	私の仕事は〜ことだ

名詞と同じはたらき　（例）to play soccer「サッカーをすること」

To play soccer is fun.
サッカーをすることは

I like to play soccer.
サッカーをすることが

My job is to play soccer.
サッカーをすること＝私の仕事

2 「〜するために」（副詞用法）

➡️★(4)(5)

「〜するために」という意味で，動作の目的を表す。to 不定詞は副詞と同じはたらきをして，前の動詞を修飾する。（＝副詞用法）
Why 〜？ に対する答えとしても使える。

Tom went to the park to play volleyball.
「行った」　　　　　　　　　「バレーボールをするために」
　　動詞を修飾（副詞と同じはたらき）　　　　トムはバレーボールをするために公園へ行きました。

・Why 〜? に対する答え・

Why did you go there?
① To meet my friends.　　　　　　　友達に会うためです。
② Because I wanted to meet my friends.　　友達に会いたかったからです。
「なぜ」という疑問文には，①目的（to 不定詞）または②理由（because）を答える。

3 「～するための」（形容詞用法）

→★オプラス(6)(7)

「～するための」「～すべき」という意味で，形容詞と同じはたらきをして，前の名詞や代名詞を修飾する。（＝形容詞用法）

Miki has something to eat.　　　　　　　　　　美紀は何か食べるものを持っています。

「何か」← 「食べるための」
代名詞を修飾（形容詞のはたらき）

・ something と anything ・

① She has something to read.　　　　　彼女は何か読むものを持っています。
② She doesn't have anything to read.　　彼女は何も読むものを持っていません。
③ Does she have anything to read?　　　彼女は何か読むものを持っていますか。
「何か」「何も」は，ふつう①肯定文では something を，②否定文や③疑問文では anything を使う。

4 It is ～ (for A) to ....

→★オプラス(8)(9)

「（Aが［Aにとって］）…することは～だ。」を表す。It は形式上の主語で後ろの to 不定詞を指すので，「それは」とは訳さない。

主語（名詞用法の to 不定詞）
To take pictures is fun for me.

長い主語は後ろに
送ることが多い

It's fun for me to take pictures.

to 不定詞（「写真を撮ること」）

私にとって写真を撮ることは楽しいです。

・ for＋目的格 ・

to 不定詞で表される動作をする人は〈for＋人〉で表す。「人」の部分に代名詞がくるときは目的格にする。
（例）　○ for him
　　　　× for he

☆チェック！　（　）内から適する語句を選びなさい。

1 □ (1) I want (go / to go) to Hawaii.　　　　　私はハワイに行きたいです。

□ (2) My dream is (study / to study) abroad.　私の夢は留学することです。

□ (3) Ken likes to (play / plays) tennis.　　　健はテニスをするのが好きです。

2 □ (4) I visited Kyoto to (see / saw) my uncle.　私はおじに会うために京都を訪れました。

□ (5) Why did you come here?　　　　　　　　あなたはなぜここに来たのですか。
　　　　— (To / For) buy a pen.　　　　　　　— ペンを買うためです。

3 □ (6) He has something (drink / to drink).　　彼は何か飲むものを持っています。

□ (7) I have many things (doing / to do) today.　私には今日することがたくさんあります。

4 □ (8) (This / It) is important to read books.　　本を読むことは重要です。

□ (9) It was easy for (she / her) to make this dress.

　　　　　　　　　　　　　　　　　　彼女にとってこのドレスを作ることは簡単でした。

☆チェック！ の答えは次ページ ➡ **13**

テスト対策問題

テスト対策☆ナビ

リスニング

♪ a05

1 質問を聞いて，その答えとして適するものを1つ選び，記号で答えなさい。

(1) ア　I went to the library.　イ　I want to read books.
　　ウ　Yes, I do.　　　　　　　　　　　　　　　　（　　　）

(2) ア　That's a good idea.　イ　I don't agree with you.
　　ウ　To walk my dog.　　　　　　　　　　　　　（　　　）

2 (1)〜(6)は単語の意味を書きなさい。(7)〜(10)は日本語を英語にしなさい。

(1) collect　（　　　　　　）　(2) become　（　　　　　　　）

(3) forget　（　　　　　　）　(4) sell　（　　　　　　　）

(5) possible　（　　　　　　）　(6) better　（　　　　　　　）

(7) 栽培する　＿＿＿＿＿＿　(8) 理由，わけ　＿＿＿＿＿＿

(9) 健康　＿＿＿＿＿＿　(10) 思いつき,考え　＿＿＿＿＿

3 次の日本文にあうように，＿＿に適する語を書きなさい。

(1) そのとおりです。
　　That's ＿＿＿＿＿＿.

(2) 彼は何か新しいものを発明するつもりです。
　　He will invent ＿＿＿＿＿＿ ＿＿＿＿＿＿.

(3) 私はネコのような小さな動物が好きです。
　　I like small animals, ＿＿＿＿＿＿ ＿＿＿＿＿＿ cats.

(4) 夕食を食べながら，私たちは科学技術について話をしました。
　　＿＿＿＿＿＿ dinner, we talked about technology.

(5) 彼は字幕なしでその映画を見ました。
　　He saw the movie ＿＿＿＿＿＿ subtitles.

4 次の文を（　）内の指示にしたがって書きかえるとき，＿＿に適する語を書きなさい。

(1) He washes the dishes.
　　（「皿を洗うことが好き」という意味の文に）
　　He likes ＿＿＿＿＿＿ ＿＿＿＿＿＿ the dishes.

(2) Paul is a singer.　（「歌手になりたい」という意味の文に）
　　Paul ＿＿＿＿＿＿ to ＿＿＿＿＿＿ a singer.

(3) My hobby is a picture.　（下線部を「絵をかくこと」にかえて）
　　My hobby is ＿＿＿＿＿＿ ＿＿＿＿＿＿ a picture.

---

2 重要単語
(6) good は「よい」という意味。
(9) healthy「健康によい」は形容詞。

3 重要表現

ミス注意！
(2) something「何か」を形容詞で修飾
→〈something＋形容詞〉の語順

(3) for example「例えば」も覚えておこう。
(4) over「〜を越えて」の意味も覚えておこう。
(5) with だと「〜といっしょに，〜を使って」の意味になる。

4 「〜すること」

おぼえよう！
to 不定詞は時制や人称に関わらず〈to＋動詞の原形〉になる。

(2) be 動詞の原形⇒ be

p.13 答　(1) to go　(2) to study　(3) play　(4) see　(5) To　(6) to drink　(7) to do　(8) It　(9) her

5 次の英文を読んで，あとの問いに答えなさい。

> ①〔 to / grow / want / better / I 〕 vegetables and bring more happiness to people.
> ②To achieve my goals （ ③ ） a farmer, I still have ④many things （ 　　 ）（ 　　 ）.

5 本文の理解

(1) 下線部①の〔 〕内の語を並べかえて，意味の通る語句にしなさい。

_____ vegetables

(2) 下線部②と同じ用法の to 不定詞を含む文をア～ウから選び，記号で答えなさい。

　　ア　I like to watch a movie.　　イ　I want something to eat.
　　ウ　I went to the store to buy eggs.　　　　　　（　　）

(3) ③の（ ）に入る語を下から選び，記号で答えなさい。

　　ア　as　　イ　on　　ウ　with　　　　　　　　（　　）

(4) 下線部④が「学ぶためのたくさんのこと」という意味になるように，（ ）に適する語を書きなさい。　　_____ _____

(2)「〜するために」

(3)「〜として」

(4) to 不定詞の形容詞用法

6 次の日本文にあうように，____ に適する語を書きなさい。

(1) 私は宿題をするために早く起きました。
I got up early _____ _____ my homework.

(2) なぜ健はここに来たのですか。— 写真を撮るためです。
Why did Ken come here? — _____ _____ pictures.

6 「〜するために」

ポイント
「〜するために」という目的も to 不定詞で表すことができる。

7 〔 〕内の語句を並べかえて，日本文にあう英文を書きなさい。

(1) 何か飲むものがほしいです。〔 want / to / something / I 〕 drink.
_____ drink.

(2) これが私の勉強法です。〔 my way / is / study / to / this 〕.
_____

7 「〜するための」

ポイント
(1)「〜するための」という形容詞用法の to 不定詞は，説明する対象のあとに置く。

8 次の対話が成り立つように，____ に適する語を書きなさい。

Mika: What do you usually do on Saturdays?
Jack: I usually play the piano. _____ fun _____
me _____ play the piano.

8 「（Aが〔Aにとって〕）…することは〜だ」

9 次の日本文を英語になおしなさい。

(1) 私たちは有名な寺院を訪れるためにここに来ました。

_____

(2) 彼女のおばあさんは 4 時に料理し始めました。

_____

9 英作文
(1)「有名な寺院を訪れるために」という目的を to 不定詞で表す。
(2)「料理することを始めた」と考える。

テストに出る！
予想問題

Lesson 2 ❶
My Dream 〜 文法のまとめ②

⏱ 30分

／100点

1 対話と質問を聞いて，その答えとして適する絵を選び，記号で答えなさい。 ♪ a06 〔5点〕

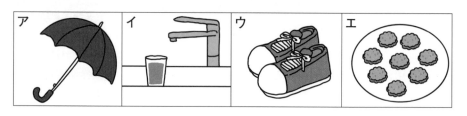

ア　イ　ウ　エ

（　　　）

2 次の日本文にあうように，＿＿＿に適する語を書きなさい。 3点×6〔18点〕

ミス注意！(1) 彼らはよい友人になりました。

They ＿＿＿＿＿＿＿ good ＿＿＿＿＿＿＿.

(2) 春がもうすぐやってきます。

Spring is ＿＿＿＿＿＿＿ ＿＿＿＿＿＿＿.

ミス注意！(3) 私の妹はテストで全力を尽くしました。

My sister ＿＿＿＿＿＿＿ ＿＿＿＿＿＿＿ ＿＿＿＿＿＿＿ in the test.

(4) 私たちはこの前の日曜日に川沿いのゴミを拾いました。

We picked ＿＿＿＿＿＿＿ trash ＿＿＿＿＿＿＿ the river last Sunday.

(5) 私の兄には海外旅行をするという強い願望があります。

My brother has a strong ＿＿＿＿＿＿＿ ＿＿＿＿＿＿＿ travel ＿＿＿＿＿＿＿.

(6) 要約すると，子どもたちは宝物だということです。

＿＿＿＿＿＿＿ ＿＿＿＿＿＿＿, children are treasures.

3 よく出る 次の文に to を入れるとき，適切な位置の記号を〇で囲みなさい。 4点×4〔16点〕

(1) His job ア is イ wash ウ the dishes.

(2) It's ア fun イ for us ウ talk エ in English.

(3) Mike ア has イ many ウ friends エ help him.

(4) We ア went イ there ウ play エ baseball.

4 やや難 次の各組の文がほぼ同じ内容になるように，＿＿＿に適する語を書きなさい。 5点×3〔15点〕

(1) { I had many things to do yesterday.
I was very ＿＿＿＿＿＿＿ yesterday.

(2) { Mike came home early because he wanted to watch TV.
Mike came home early ＿＿＿＿＿＿＿ ＿＿＿＿＿＿＿ TV.

(3) { We can't answer the question.
＿＿＿＿＿＿＿ is ＿＿＿＿＿＿＿ for ＿＿＿＿＿＿＿ to answer the question.

5 次の花のスピーチ原稿を読んで，あとの問いに答えなさい。 〔19点〕

> First, I like fresh vegetables. Fresh food is important for our everyday ①(life) and health. ②I [grow / want / healthy / to] and organic vegetables for everyone.
>
> Second, I am interested in technology. Farmers use ③technology to do many things. For example, ④they use drones to monitor crops and sensors to collect data twenty-four hours a day. I want to learn technology to improve farming.

(1)　①の（　）内の語を複数形になおしなさい。 〈4点〉

_____

(2)　下線部②の〔　〕内の語を並べかえて，意味の通る英文にしなさい。 〈5点〉
　　I _____ and organic vegetables for everyone.

(3)　下線部③の具体的な例として本文では2つ挙げられています。それぞれ本文中の英語1語で答えなさい。 〈5点〉

　　　　　　_____ と _____

(4)　下線部④が指すものを本文中の英語1語で書きなさい。 〈5点〉

_____

6 〔　〕内の語句を並べかえて，日本文にあう英文を書きなさい。 5点×3〔15点〕

(1)　あなたがそんなにいっしょうけんめい働く必要があるのですか。
　　〔 to / necessary / it / for / work / is / you 〕 so hard?

_____ so hard?

(2)　私は何も食べるものを持っていませんでした。（1語不要）
　　〔 did / I / something / have / not / anything / eat / to 〕.

_____

(3)　インターネットで調べるためにそのコンピューターを使ってもいいですか。
　　〔 use / can / search / to / I / online / the computer 〕?

_____

7 下の表を見て，それぞれの人物が希望する職業について，(1)は「〜は…になりたいと思っています」という意味の英文を，(2)は「〜の夢は…になることです」という意味の英文を書きなさい。 6点×2〔12点〕

名前	なりたい職業
(1) Bob	サッカー選手
(2) Emily	看護師

(1)　_____

(2)　_____

テストに出る！

予想問題

Lesson 2 ❷
My Dream 〜 文法のまとめ②

⏱ 30分

/100点

1 対話を聞いて，内容にあう絵を選び，記号で答えなさい。　🎵 a07　〔5点〕

ア　イ　ウ　エ

（　　）

2 次の日本文にあうように，＿＿＿に適する語を書きなさい。　3点×5〔15点〕

(1) いたるところから人々がやってくるでしょう。

People will come from ＿＿＿＿＿＿ and ＿＿＿＿＿＿.

(2) あなたは拓海に賛成していますか。

Do you ＿＿＿＿＿＿ ＿＿＿＿＿＿ Takumi?

(3) 私は1日に3回歯をみがきます。

I brush my teeth three times ＿＿＿＿＿＿ ＿＿＿＿＿＿.

(4) 生徒たちの顔を見なさい。

Look at the ＿＿＿＿＿＿ ＿＿＿＿＿＿.

(5) 日本庭園に入るのはいくらですか。

＿＿＿＿＿＿ ＿＿＿＿＿＿ is it ＿＿＿＿＿＿ go into the Japanese garden?

3 次のア〜ウの3つの文において，異なる用法の to 不定詞を含む文を選び，記号で答えなさい。

(1) ア　He has something to eat.　　　　　　　　　4点×2〔8点〕

イ　This city has many places to visit.

ウ　I practice soccer every day to be a better player.　（　　）

(2) ア　Do you want to read this comic?

イ　I'll go to the zoo to take pictures of animals.

ウ　We hope to meet your sister.　　　　　　　　（　　）

4 次の英文には誤りが1か所ずつあります。誤りをなおして全文を書きなさい。5点×3〔15点〕

(1) He used a dictionary to wrote an English report.

＿＿＿＿＿＿＿＿＿＿＿＿＿＿＿＿＿＿＿＿＿＿＿＿＿＿

(2) To read comics are fun for me.

＿＿＿＿＿＿＿＿＿＿＿＿＿＿＿＿＿＿＿＿＿＿＿＿＿＿

(3) His dream is to invent new something.

＿＿＿＿＿＿＿＿＿＿＿＿＿＿＿＿＿＿＿＿＿＿＿＿＿＿

5 ケンが書いたスピーチの原稿を読んで，あとの問いに答えなさい。 〔19点〕

> Hi, I'm Ken. My future dream is (①) a doctor. I'll talk about the reasons.
> ② First, I want to do something for other people. ③ It is wonderful to help sick people.
> Second, my uncle works at a hospital as a doctor. I respect ④ him very much.
> ⑤ I 〔 be / study hard / to / like / a doctor 〕 my uncle.

(1) ①の（ ）に適する語句を下から選び，記号で答えなさい。 〈3点〉
　　ア　learn　　イ　to learn　　ウ　be　　エ　to be　　　　　　　　（　　　）

(2) 下線部②を日本語になおしなさい。 〈4点〉
　　（　　　　　　　　　　　　　　　　　　　　　　　　　　　　　　　　）

(3) 下線部③が指すものを本文中の英語4語で書きなさい。 〈4点〉

　　＿＿＿＿＿＿＿　＿＿＿＿＿＿＿　＿＿＿＿＿＿＿　＿＿＿＿＿＿＿

(4) 下線部④が指す人物を日本語で答えなさい。 〈4点〉
　　　　　　　　　　　　　　　　　　　　　　　　（　　　　　　　　　）

(5) 下線部⑤の〔 〕内の語句を並べかえて，意味の通る英文にしなさい。 〈4点〉
　　I ＿＿＿＿＿＿＿＿＿＿＿＿＿＿＿＿＿＿＿＿＿＿＿＿＿＿ my uncle.

6 次の英文を（ ）内の指示にしたがって書きかえなさい。 5点×4〔20点〕

(1) This event is good. （「生徒たちを集めるためのよい方法だ」という意味の文に）
　　This event is a good way ＿＿＿＿＿＿＿＿＿＿＿＿＿＿＿＿＿＿＿＿＿.

(2) She joined the day-at-work program.
　　（「農業についてもっと学ぶために」という意味を後ろに加えて）
　　She joined the day-at-work program ＿＿＿＿＿＿＿＿＿＿＿＿＿＿＿.

(3) You can make *tempura* today. （It を主語にして，ほぼ同じ意味を表す文に）
　　It is possible ＿＿＿＿＿＿＿＿＿＿＿＿＿＿＿＿＿＿＿＿ today.

(4) He went to Mike's house to watch a movie yesterday. （下線部をたずねる文に）
　　＿＿＿＿＿＿＿＿＿＿＿＿＿＿＿＿＿＿＿＿ Mike's house yesterday?

7 次の日本文を，（ ）内の語句を使って英語になおしなさい。 6点×3〔18点〕

(1) 雨は何時に降り始めましたか。（it）

　　＿＿＿＿＿＿＿＿＿＿＿＿＿＿＿＿＿＿＿＿＿＿＿＿＿＿＿＿＿＿＿＿

(2) 私は，俳優があなたにとって理想的な仕事だと思います。（that）

　　＿＿＿＿＿＿＿＿＿＿＿＿＿＿＿＿＿＿＿＿＿＿＿＿＿＿＿＿＿＿＿＿

(3) 私は試験に合格するために全力を尽くしました。（did, the exam）

　　＿＿＿＿＿＿＿＿＿＿＿＿＿＿＿＿＿＿＿＿＿＿＿＿＿＿＿＿＿＿＿＿

HELLO!

Every Drop Counts 〜 文法のまとめ③

テストに出る！ ココが要点&チェック！

There is[are] 〜. の文

教 p.39〜p.50

1 「(…の場所に)〜があります，〜がいます」 →★(1)〜(3)

「(…の場所に)〜があります，〜がいます。」と人やものの存在を示すときは，There is[are] 〜. で表す。be 動詞は，あとに続く名詞が単数ならば is，複数ならば are を使う。

肯定文 There **is** a big park in this town.
短縮形は There's ← 単数

この町には大きい公園があります。

There **are** two big parks in this town.
← 複数

この町には 2 つの大きい公園があります。

否定文 There **aren't** any big parks in this town.
＝ are not

この町には大きい公園が 1 つもありません。

(特定の人物) マイク Mike　(不特定の人物) 1 人の男の子

Mike is in the park.　There is a boy in the park.
特定される存在(人やものの名前，「〜の」，「〜のもの」など所有を表す語句や the のついた名詞)は，There is[are] 〜. を使わない。

• 場所を表す前置詞 •

on 「〜の上に，〜に(接触して)」
　on the desk 「机の上に」，
　on the wall 「壁に」
in 「〜(の中)に」
　in the room 「部屋(の中)に」
at 「〜(の 1 点)に，で」
　at the station 「駅で」, at home 「家で」
between A and B 「A と B の間に」
under 「〜の下に」
near 「〜の近くに」 など

2 「(…の場所に)〜がありますか」 →★(4)

疑問文は文の最初に be 動詞を出して，Is[Are] there 〜? で表す。答えるときも，there を使う。

疑問文 Is there a big park in this town?
be 動詞が文の最初

この町には大きい公園がありますか。

— Yes, there is. / No, there is not.
there を使って答える　　　　　　＝ isn't

— はい，あります。/ いいえ，ありません。

• 数をたずねる表現 •

〈How many＋名詞の複数形＋are there 〜?〉で表せる。
How many parks are there in this town?
— There are five.
「この町にはいくつの公園がありますか。— 5 つです。」

• 確認する表現(付加疑問文) •

文末に疑問文をつけて，「〜ですね」と確認したり，質問したりできる。
There is a park in this town, isn't there?
「この町には公園がありますよね。」

動名詞

教 p.42〜p.50

3 「〜すること」

→★(5)〜(7)

「〜すること」という意味を表す動詞の -ing 形を動名詞という。これは主語や動詞の目的語になるなど，名詞と同じはたらきをする。

I like playing soccer.
目的語「〜すること」

私はサッカーをすることが好きです。

Playing soccer is a lot of fun.
動名詞が主語の文　　　3人称単数

サッカーをすることはとても楽しいです。

前置詞＋動名詞
How about playing soccer?

サッカーをするのはどうですか。

×How about to play soccer? のように〈前置詞＋to 不定詞〉の形にはできない。

目的語になる動名詞と to 不定詞

動名詞と to 不定詞のどちらを使うかは動詞によって異なる。

①動名詞のみ	enjoy, finish, stop
② to 不定詞のみ	want, hope など
③動名詞, to 不定詞の両方	like, start など

助動詞 must

教 p.48〜p.49

4 「〜しなければならない」

→★(8)(9)

強い義務は〈must＋動詞の原形〉で表す。否定形は〈must not＋動詞の原形〉で「〜してはいけない」という禁止の意味になる。

肯定文 You must go there.
後ろは動詞の原形

あなたはそこに行かなければなりません。

否定文 You must not go there.
短縮形は mustn't

あなたはそこに行ってはいけません。

☆チェック！ （　）内から適する語句を選びなさい。

1
- □ (1) There (is / are) a cat under the chair.　いすの下にネコがいます。
- □ (2) There are (a / some) cups on the desk.　机の上にいくつかのカップがあります。
- □ (3) There (isn't / aren't) any students here now.　今ここには生徒が1人もいません。

2
- □ (4) (Is / Are) there a library near your house?　あなたの家の近くに図書館がありますか。
  — Yes, (it / there) is.　— はい，あります。

3
- □ (5) We enjoyed (to talk / talking).　私たちは話すことを楽しみました。
- □ (6) (Read / Reading) books is important.　本を読むことは大切です。
- □ (7) Tom wants (watching / to watch) TV.　トムはテレビを見たいと思っています。

4
- □ (8) I (may / must) water the flowers.　私は花に水をやらなければなりません。
- □ (9) You (will / must) not eat this cake.　あなたはこのケーキを食べてはいけません。

テスト対策問題

リスニング

♪ a08

1 英文を聞いて，その内容とイラストがあっていれば〇を，あっていなければ×を書きなさい。

(1)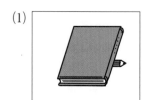

(2)

(3) 私語厳禁

(1)(　　　)
(2)(　　　)
(3)(　　　)

2 (1)～(6)は単語の意味を書きなさい。(7)～(10)は日本語を英語にしなさい。

(1) round　　(　　　　　)　　(2) excellent　(　　　　　)
(3) simple　　(　　　　　)　　(4) large　　(　　　　　)
(5) enough　　(　　　　　)　　(6) provide　(　　　　　)
(7) 空気，大気＿＿＿＿＿＿　　(8) 建てる　　＿＿＿＿＿＿＿
(9) 材料，原料＿＿＿＿＿＿　　(10) 交通　　　＿＿＿＿＿＿＿

2 重要単語

(6) provide A with B の形で覚えよう。
(10) traffic light(s)「信号」

3 次の日本文にあうように，＿＿に適する語を書きなさい。

(1) 向こうにいる男性はだれですか。
　　Who is the man ＿＿＿＿＿＿ ＿＿＿＿＿＿ ?
(2) 雲のために，富士山が見えません。
　　We can't see Mt. Fuji ＿＿＿＿＿＿ ＿＿＿＿＿＿ the clouds.
(3) 私たちを含めて，10 人の人がそのイベントに来ます。
　　＿＿＿＿＿＿ ＿＿＿＿＿＿, ten people will come to the event.
(4) マイクはたくさんのマンガ本を持っています。
　　Mike has ＿＿＿＿＿＿ ＿＿＿＿＿＿ ＿＿＿＿＿＿ comics.
(5) それらは美しい花になるでしょう。
　　They will ＿＿＿＿＿＿ ＿＿＿＿＿＿ beautiful flowers.

よく出る (4)

3 重要表現
(1) over は「向こう[こちら](側)へ」の意味。

(4) 1 語なら many になる。

4 次の文を(　)内の指示にしたがって書きかえるとき，＿＿に適する語を書きなさい。

(1) There is a guitar in my house.　（下線部を two にかえて）
　　There ＿＿＿＿＿＿ two ＿＿＿＿＿＿ in my house.
(2) There are many boys in the park.　（過去の文に）
　　＿＿＿＿＿＿ ＿＿＿＿＿＿ many boys in the park.
(3) There is enough electricity.　（否定文に）
　　There ＿＿＿＿＿＿ ＿＿＿＿＿＿ enough electricity.

ミス注意! (2)

4 「(…の場所に)～があります，～がいます」

ポイント
「～がある」
there is　単数，数えられない名詞
there are　複数

(2)時制が過去で後ろの名詞は複数。

p.21 答　(1) is　(2) some　(3) aren't　(4) Is, there　(5) talking　(6) Reading　(7) to watch　(8) must　(9) must

5 次の対話文を読んで，あとの問いに答えなさい。

> *Ms. Brown:*　There was fog in the morning, (　①　) there?
> *Dinu:*　　　Yes. ②(　　　　) is that?
> *Ms. Brown:*　③When warm moist 〔 at / air / cools / down 〕 night, it becomes fog.

(1) ①の(　)に適する語を下から選び，記号で答えなさい。

　　ア was　イ wasn't　ウ were　エ weren't　　（　　）

(2) 下線部②が「それはなぜですか。」という意味になるように，(　)に適する語を書きなさい。

　　_____

(3) 下線部③の意味が通るように，〔　〕内の語を並べかえなさい。

　　When warm moist _____ night,

ポイント

(1)付加疑問文は質問したり，「〜ですね」と確認したりする表現。前の文が be 動詞の過去の肯定文なので，否定の形を文末につける。

6 次の日本文にあうように，____に適する語を書きなさい。

(1) 駅の近くにパン屋さんがありますか。— はい，あります。

　　_____ _____ a bakery near the station?

　　— Yes, _____ is.

(2) 箱の中にいくつかボールがありますか。— いいえ，ありません。

　　_____ there _____ balls in the box?

　　— No, _____ _____ .

ミス注意！

(2) 「いくつか」
肯定文⇒ some
疑問文⇒ any

7 次の文の____に，(　)内の語を適する形にかえて書きなさい。

(1) We enjoyed _____ together. （dance）

(2) It stopped _____ soon. （rain）

(3) Kana left John's house without _____ to him. （talk）

おぼえよう！

enjoy -ing
「〜して楽しむ」
stop -ing
「〜するのをやめる」

8 次の対話が成り立つように，____に適する語を書きなさい。

> *Taku:*　(1)_____ go to Midori River to fish.
> 　　　（〜しましょう）
> *Josh:*　Oh, we (2)_____ _____ fish there.
> 　　　（〜してはいけない）

ポイント

「〜してはいけない」は〈must not＋動詞の原形〉で表す。

9 次の日本文を英語になおしなさい。

(1) この町には大きな病院があります。

　　_____

(2) フランス語を話すことは難しいです。（speaking を使って）

　　_____

(2)主語が動名詞の文。

テストに出る！
予想問題

Lesson 3 ❶
Every Drop Counts 〜 文法のまとめ③

🕐 30分

/100点

1 対話と質問を聞いて，その答えとして適する絵を選び，記号で答えなさい。 🎵 a09 〔4点〕

（　　　）

2 次の日本文にあうように，＿＿に適する語を書きなさい。 3点×3〔9点〕

ミス注意！ (1) 今日その公園には非常にたくさんの人が来ました。

＿＿＿＿＿＿＿＿ ＿＿＿＿＿＿＿ people came to the park today.

(2) 私の父の仕事は人々に電気を供給することです。

My father's job is to ＿＿＿＿＿＿＿ people ＿＿＿＿＿＿＿ electricity.

ミス注意！ (3) 林先生は理科の先生ですよね。

Ms. Hayashi is a science teacher, ＿＿＿＿＿＿＿ ＿＿＿＿＿＿＿?

3 次の文の＿＿に，（　）内の語を適する形（1語）にかえて書きなさい。ただし，かえる必要のないものはそのまま書くこと。 4点×5〔20点〕

(1) There ＿＿＿＿＿＿＿ some birds on the tree yesterday. （be）

(2) Ms. Green started ＿＿＿＿＿＿＿ in Tokyo last year. （live）

(3) John must ＿＿＿＿＿＿＿ the dishes. （wash）

ミス注意！ (4) There ＿＿＿＿＿＿＿ some water in the plastic bag now. （be）

(5) My dog stopped ＿＿＿＿＿＿＿ and looked at me. （run）

4 次の各組の文がほぼ同じ内容になるように，＿＿に適する語を書きなさい。 4点×4〔16点〕

(1) ｛ A week has seven days.
＿＿＿＿＿＿＿ ＿＿＿＿＿＿＿ seven days in a week.

(2) ｛ Don't go there, Mike.
You ＿＿＿＿＿＿＿ ＿＿＿＿＿＿＿ go there, Mike.

(3) ｛ My sister likes to listen to music.
My sister likes ＿＿＿＿＿＿＿ to music.

(4) ｛ I stayed home because the weather was bad.
I stayed home because ＿＿＿＿＿＿＿ the bad ＿＿＿＿＿＿＿.

5 次の対話文を読んで，あとの問いに答えなさい。 〔13点〕

> *Mr. Oka:* Look! There is a sign （ ① ）. We're （ ② ） at the top.
> *Kate:* ③[see / anything / is / to / there] from the top?
> *Mr. Oka:* Yes, there is. There ④(be) two round lakes in the valley.

(1) ①の（ ）に「向こうに」という意味の適する 2 語の英語を書きなさい。 〈3点〉

_____ _____

(2) ②の（ ）に適する語を下から選び，記号で答えなさい。 〈3点〉

　ア　along　　イ　almost　　ウ　also　　エ　always　　　　　　（　　　）

(3) 下線部③が意味の通る英文になるように，〔 〕内の語を並べかえなさい。 〈4点〉

_____ from the top?

(4) ④の（ ）内の語を適する形になおしなさい。 〈3点〉

_____

6 〔 〕内の語句を並べかえて，日本文にあう英文を書きなさい。 5点×4〔20点〕

(1) 窓のそばにラケットがあります。

　〔 is / by / a racket / there / the window 〕.

_____

(2) 野菜を育てるのはとても楽しいです。

　〔 vegetables / a lot of / is / fun / growing 〕.

_____

(3) 看板には火の用心と書いてあります。

　〔 the sign / must / says / beware / you 〕 of fire.

_____ of fire.

(4) 教室にはいすがいくつありますか。

　〔 many / are / chairs / in / how / there 〕 the classroom?

_____ the classroom?

7 次の日本文を英語になおしなさい。 6点×3〔18点〕

(1) 私たちは芝(the grass)の上を歩いて楽しみました。

_____

(2) この町に水族館(an aquarium)はありますか。

_____

(3) ((2)に答えて)いいえ，ありません。

_____

テストに出る！

予想問題

Lesson 3 ❷
Every Drop Counts 〜 文法のまとめ③

🕐 30分

/100点

1 下のイラストを参考に質問を聞いて，その答えを 3 語以上の英語で書きなさい。　♪ a10

5点×2〔10点〕

(1) _____

(2) _____

2 次の日本文にあうように，＿＿に適する語を書きなさい。　3点×4〔12点〕

(1) 何かほかにおすすめしてもらえますか。

Can you _____ something _____ ?

(2) 夜に雨が雪に変わりました。

The rain _____ _____ snow at night.

(3) 私は毎日 2 リットルの水を飲みます。

I drink two _____ _____ water every day.

よく出る (4) 世界の多くの地域で，人々は助けを必要としています。

In many _____ _____ the world, people need some help.

よく出る **3** 次の文を（　）内の指示にしたがって書きかえるとき，＿＿に適する語を書きなさい。

(1) He practices the piano hard every day.

（「〜しなければならない」という意味の文に）　4点×4〔16点〕

He _____ _____ the piano hard every day.

(2) There is something to tell our mother.　（疑問文にして No で答える文に）

_____ there _____ to tell our mother?

— No, _____ _____ .

(3) These songs are exciting.　（下線部を「これらの歌を歌うことは」という意味にかえて）

_____ these songs _____ exciting.

ミス注意 (4) Mr. Smith likes baseball.　（付加疑問文に）

Mr. Smith likes baseball, _____ _____ ?

4 次のようなとき，英語でどのようにいうか。下から選び，記号で答えなさい。3点×4〔12点〕

(1) 時間切れになったとき。　（　　　）　(2) ついに何かをなしとげたとき。（　　　）

(3) 相手に急いでほしいとき。（　　　）　(4) 相手の意見に賛成するとき。　（　　　）

　　ア　Hurry up.　　イ　I agree with you.　　ウ　How about you?

　　エ　Time's up.　　オ　We made it, finally.　　カ　You're welcome.

5 次の英文を読んで，あとの問いに答えなさい。 〔22点〕

　The tower has many good points. ①<u>It has a very simple design.</u> A small team of people can build it （　②　） just one day. To build the tower, they use ③<u>eco-friendly materials</u> such as bamboo and natural fiber ropes. The tower works without electricity, so you can build it in many places.

　There are problems in all communities, ④<u>（　　　　）the（　　　　）of water</u>. The Warka Water Project can solve one problem. The tower is eco-friendly. It ⑤<u>does not waste energy.</u> Let's work with nature, learn from ⑥<u>it</u>, and find solutions.

(1) 下線部①を，It が示す内容を明らかにして日本語になおしなさい。 〈4点〉
（　　　　　　　　　　　　　　　　　　　　　　　　　　　　　　）

(2) ②の（　）に適する語を下から選び，記号で答えなさい。 〈3点〉
　　ア　at　　イ　in　　ウ　on　　エ　with　　　　　　　　　　　（　　　）

(3) 下線部③「環境にやさしい材料」の例を 2 つ日本語で答えなさい。 〈4点〉
　　　　　　　　　　（　　　　　　　　　　　　）（　　　　　　　　　　　　）

(4) 下線部④が「水不足を含めて」という意味になるように，（　）に適する語を書きなさい。
〈4点〉

　　　　　　　　　　　　　　　　　＿＿＿＿＿＿＿＿＿ , ＿＿＿＿＿＿＿＿＿

(5) 下線部⑤の内容をいちばんよく表している部分を，本文中の英語 3 語で抜き出しなさい。
〈4点〉

　　　　　　　　　　＿＿＿＿＿＿＿＿ ＿＿＿＿＿＿＿＿ ＿＿＿＿＿＿＿＿

(6) 下線部⑥が指すものを本文中の英語 1 語で書きなさい。 〈3点〉

　　　　　　　　　　　　　　　　　　　　　　　　　　＿＿＿＿＿＿＿＿＿

6 次の〔　〕内の語を並べかえて，日本文にあう英文を書きなさい。 5点×2〔10点〕

(1) あなたはここで走ってはいけません。〔 run / not / must / here / you 〕.
＿＿＿＿＿＿＿＿＿＿＿＿＿＿＿＿＿＿＿＿＿＿＿＿＿＿＿＿＿

(2) 棚の上にはたくさんの小説があります。〔 lot / novels / are / a / there / of 〕 on the shelves.
＿＿＿＿＿＿＿＿＿＿＿＿＿＿＿＿＿＿＿＿＿ on the shelves.

7 次の日本文を，（　）内の語句を使って英語になおしなさい。 6点×3〔18点〕

(1) 午前中に雪が止みました。(it)
＿＿＿＿＿＿＿＿＿＿＿＿＿＿＿＿＿＿＿＿＿＿＿＿＿＿＿＿＿

(2) あなたたちはここでは携帯電話を切らなければなりません。(your mobile phones)
＿＿＿＿＿＿＿＿＿＿＿＿＿＿＿＿＿＿＿＿＿＿＿＿＿＿＿＿＿

(3) 私たちの台所にリンゴは 1 つもありません。(any)
＿＿＿＿＿＿＿＿＿＿＿＿＿＿＿＿＿＿＿＿＿＿＿＿＿＿＿＿＿

Lesson 4

Uluru ～ 文法のまとめ④

動詞＋A＋B

教 p.51～p.64

1 動詞（give など）＋A＋B

➡★(1)～(3)

〈動詞＋A（人）＋B（もの）〉で「A（人）にB（もの）を～します」という意味を表す。この形の文は、〈動詞＋B（もの）＋to［for］＋A（人）〉と同じ意味になる。

Amy will give a watch to Koji .　　　エイミーは耕司に腕時計をあげるつもりです。

もの　　　to＋人

I will　　give　him　a wallet .　　　私は彼に財布をあげるつもりです。

人　　　もの

〈人＋もの〉のときは前置詞を使わない

〈動詞＋A＋B〉⇔〈動詞＋B＋to［for］＋A〉

〈動詞＋B＋to＋A〉型	give	Aに～を与える
	show	Aに～を見せる
	teach	Aに～を教える
	tell	Aに～を伝える，言う
	write	Aに～を書く
〈動詞＋B＋for＋A〉型	buy	Aに～を買う
	make	Aに～を作る
	cook	Aに～を料理する
	get	Aに～を買う

（例）
I will show him the picture.

I will show the picture to him.

My father will buy me a bike.

My father will buy a bike for me.

2 動詞（call，make など）＋A＋B

➡★(4)(5)

call＋A＋Bは「AをBと呼びます」，make＋A＋Bは「AをB（の状態）にします」という意味を表す。それぞれA＝Bの関係になる。

This is my friend, Thomas.　　　こちらは私の友達のトマスです。

We call him Tom .　　　私たちは彼をトムと呼びます。

「呼ぶ」「Aを」「Bと」

A＝Bの関係：「彼」＝「トム」

I like this picture book.　　　私はこの絵本が好きです。

It makes me happy .　　　それは私を幸せにします。

「する」「Aを」「Bに」

A＝Bの関係：「私」＝「幸せ」

A＝Bの関係になる動詞

call＋A＋B「AをBと呼ぶ」	name＋A＋B「AをBと名づける」
make＋A＋B「AをB（の状態）にする」	keep＋A＋B「AをB（の状態）に保つ」

have to 〜

教 p.62〜p.63

3 「〜しなければならない」 → ★(6)〜(8)

〈have[has] to ＋動詞の原形〉で「〜しなければならない」という義務の意味を表す。否定形の don't have to 〜 は「〜しなくてもよい」という不必要の意味を表す。

肯定文 We **have to** write an essay.
〈have[has] to ＋動詞の原形〉：「〜しなければならない（＝must）」

　　　　　　　　私たちはエッセイを書かなければなりません。

否定文 We **don't have to** turn it in until Monday.
〈don't have to ＋動詞の原形〉：「〜しなくてもよい（不必要）」

　　　　　　　　私たちは月曜日まではそれを提出する必要はありません。

→ must と have to の違い ←
①助動詞の must は主語が変わっても形が変わらない。
He must go there. / He has to go there.
②否定形の must not は禁止の意味。
You must not run.「あなたは走ってはいけません。」
③ must →主観的に考えてしなければならない義務
have to →客観的にそうせざるをえない義務

look like 〜

教 p.56

4 「〜のように見える」 → ★(9)(10)

〈look like ＋名詞〉は「〜のように見える」という意味。look の後ろに形容詞が続くときは〈look ＋形容詞〉となり，like は不要になる。

That girl |is| sad.
be 動詞：事実または断定

あの女の子は悲しんでいます。

That girl **looks** sad.
〈look ＋形容詞〉：見た目や印象

あの女の子は悲しそうです。

That cloud |looks| |like| a cat.
〈look like ＋名詞〉
look の後ろに名詞を続けるときは like が必要

あの雲はネコのように見えます。

★チェック！ （ ）内から適する語句を選びなさい。

1
- □ (1) Mika gave (me a book / a book me).　　　美香は私に本をくれました。
- □ (2) Please (speak / tell) us that story.　　　私たちにその話を教えてください。
- □ (3) Emma's parents gave a bag (for / to) her.　エマの両親は彼女にかばんをあげました。

2
- □ (4) I'm Shinji. Call (me Shin / Shin me).　　私は慎二です。私をシンと呼んでください。
- □ (5) This news (became / made) them sad.　　この知らせは彼らを悲しませました。

3
- □ (6) I have (brush / to brush) my teeth.　　　私は歯をブラシでみがかなければなりません。
- □ (7) Paul (has / have) to get up at six tomorrow.　ポールはあした 6 時に起きなければなりません。
- □ (8) You (don't have to / must not) go there.　あなたがそこに行く必要はありません。

4
- □ (9) The rock (looks / looks like) a dog.　　　その岩はイヌのように見えます。
- □ (10) You (look / look like) tired.　　　　　　あなたは疲れているように見えます。

★チェック！ の答えは次ページ ⇨

テスト対策問題

リスニング
♪ a11

1 絵にあう英文を，放送されるア～ウの中から１つ選び，記号で答えなさい。

(1) （　　）

(2) （　　）

2 (1)～(6)は単語の意味を書きなさい。(7)～(10)は日本語を英語にしなさい。

(1) finish （　　　　） (2) consider （　　　　）
(3) area （　　　　） (4) actually （　　　　）
(5) everything（　　　　） (6) itself （　　　　）
(7) 社会 _____ (8) 行動する _____
(9) 法律 _____ (10) 感情 _____

2 重要単語
(2)名詞は consideration「考慮」。

(7)形容詞は social「社会の」。
(10)動詞は feel「感じる」。

3 次の日本文にあうように，____に適する語を書きなさい。

(1) 今は夏の真ん中です。
It's the _____ _____ summer now.

(2) あなたは週末をどのように過ごしましたか。
How did you _____ the weekend?

(3) 日中の間ずっと，彼らはいっしょうけんめいに働きました。
_____ the day, they worked hard.

(4) 寝る前に温かいお茶を飲みなさい。
Have hot tea _____ you go to bed.

(5) トムは私たちを家に招きました。
Tom _____ us _____ his house.

3 重要表現
(2)不規則動詞。過去形は spent。

ミス注意！
(3)〈during＋特定の期間〉
〈for＋時間の長さ〉

4 次の各組の文がほぼ同じ内容を表すように，____に適する語を書きなさい。

(1) Ken's aunt will give him a guitar.
Ken's aunt will give a guitar _____ _____.

(2) Mr. White teaches math to us.
Mr. White teaches _____ _____.

(3) My grandmother often makes cookies for me.
My grandmother often makes _____ _____.

4 動詞(give など)＋A＋B

ポイント
「A（人）にB（もの）を～する」
・〈動詞＋A＋B〉⇔〈動詞＋B＋to[for]＋A〉

(3) make, cook, buy などは for を使う動詞。

⑤ 次の英文を読んで，あとの問いに答えなさい。

⑤ 本文の理解

> Look at this picture. ① This giant rock is very special to the Anangu, the native people. They called it Uluru. When British explorers saw it in ② 1873, they named it Ayers Rock. ③ This hurt the Anangu and 〔 sad / made / them 〕.

(1) 下線部①の呼び名を2つ本文中の英語で書きなさい。

_____ と _____

(2) 下線部②の数字を英語で書きなさい。

_____

(3) 下線部③が意味の通る英文になるように，〔 〕内の語を並べかえなさい。

This hurt the Anangu and _____.

(1) the Anangu と British explorers の間で呼び名が異なる。
(2) 18 と 73 に分ける。

(3)「彼らを悲しませた」

⑥ 次の日本文にあうように，___ に適する語を書きなさい。
(1) 私の親友は私をナナと呼びます。

My best friend _____ _____ Nana.

(2) 彼の考えは私たちを興奮させました。

His idea _____ us _____.

⑥ 動詞(call, make など)＋A＋B

ミス注意！
主語が単数か複数かによって，動詞の形がかわることに注意。

⑦ 次の英文を( )内の指示にしたがって書きかえなさい。
(1) We wear a school uniform.
(「〜しなければならない」という意味の文に)

_____

(2) You have to do the laundry today.
(「〜しなくてもよい」という意味の文に)

_____

⑦ 「〜しなければならない」，「〜しなくてもよい」

ポイント
(1) have to 〜「〜しなければならない」
(2) don't have to 〜「〜しなくてもよい」

⑧ 〔 〕内の語句を並べかえて，日本文にあう英文を書きなさい。
(1) 彼はとても眠そうです。〔 looks / sleepy / he / very 〕.

_____

(2) このなわはヘビのように見えます。
〔 like / a snake / this rope / looks 〕.

_____

⑧ 「〜のように見える」

ポイント
(1)〈look＋形容詞〉「〜に見える」
(2)〈look like＋名詞〉「〜のように見える」

⑨ 次の日本文を英語になおしなさい。
(1) だれがあなたたちに英語を教えますか。

(2) あなたたちはそのネコを何と呼びますか。

⑨ 英作文

ミス注意！
(1) Who が主語になる一般動詞の現在の疑問文。

(2)疑問詞はwhatを使う。

テストに出る！

予想問題

Lesson 4 ❶
Uluru 〜 文法のまとめ④

🕐 30分

/100点

1 対話を聞いて，内容にあう絵を選び，記号で答えなさい。　　♪ a12　〔5点〕

ア　イ　ウ　エ

（　　　）

2 次の日本文にあうように，＿＿＿に適する語を書きなさい。　3点×4〔12点〕

よく出る (1) あの山はカメのように見えます。

That mountain ＿＿＿＿＿＿＿ ＿＿＿＿＿＿＿ a turtle.

(2) 私はボードゲームを持っていません。代わりに，トランプをしましょう。

I don't have any board games. ＿＿＿＿＿＿＿, let's play cards.

(3) メモをとることは大切です。

It is important to ＿＿＿＿＿＿＿ ＿＿＿＿＿＿＿.

(4) 200年以上前は，この地域には人が住んでいませんでした。

People didn't live in this area ＿＿＿＿＿＿＿ 200 years ＿＿＿＿＿＿＿.

3 〔　〕内の語句を並べかえて，日本文にあう英文を書きなさい。　5点×3〔15点〕

よく出る (1) 何か飲むものをください。

〔 drink / me / to / give / something 〕.

＿＿＿＿＿＿＿＿＿＿＿＿＿＿＿＿＿＿＿＿＿＿＿＿＿＿＿＿＿＿＿

ミス注意! (2) 私は世界をよりよい場所にしたいです。

I want 〔 the world / place / make / a better / to 〕.

I want ＿＿＿＿＿＿＿＿＿＿＿＿＿＿＿＿＿＿＿＿＿＿＿＿＿＿.

やや難 (3) 私たちの飛行機の搭乗時刻を教えてもらえますか。

〔 for / you / me / can / the boarding time / tell 〕 our flight?

＿＿＿＿＿＿＿＿＿＿＿＿＿＿＿＿＿＿＿＿＿＿＿ our flight?

4 次のようなとき英語ではどのようにいうか。下から選び，記号で答えなさい。　4点×2〔8点〕

(1) 「ええと。」と少し考えるとき。　　　　　　　　　　　　　　（　　　）

(2) 「何が起こったの。」と相手にたずねるとき。　　　　　　　　（　　　）

　　ア　What happened?　　　　イ　Let me think.

　　ウ　You're right.　　　　　　エ　Let's start.

5 次の英文を読んで，あとの問いに答えなさい。　〔28点〕

The Anangu have a traditional law ①to protect the sacred sites. They deeply respect the rock (　②　) and everything around it.
　③The Anangu〔you / welcome / Uluru〕. They will teach you their history. They will show you their art. They will also share their culture and society (　④　) you. Please consider their traditions ⑤(　　　　) you (　　　　).

(1) ①の下線部と同じ用法の to 不定詞を含む文を下から 1 つ選び，記号で答えなさい。〈6点〉
　　ア　It's fun to play soccer.
　　イ　He wants to save sick people.
　　ウ　Do you have a book to read?　　　　　　　　　　　　　　　　（　　　）

(2) ②の(　)に適する，「それ自身」という意味の 1 語の英語を書きなさい。　〈6点〉

　　　　　　　　　　　　　　　　　　　　　　　　　　

(3) 下線部③の〔　〕内の語を並べかえて，意味の通る英文にしなさい。ただし，不足している 1 語を補うこと。　〈6点〉
　　The Anangu _____.

(4) ④の(　)内に適する語を下から選び，記号で答えなさい。　〈5点〉
　　ア　at　　イ　in　　ウ　on　　エ　with　　　　　　　　　（　　　）

(5) 下線部⑤が「あなたたちが行動する前に」という意味になるように，(　)に適する語を書きなさい。　〈5点〉

　　　　　　　　　　　　_____, _____

6 次の英文を(　)内の指示にしたがって書きかえなさい。　6点×3〔18点〕

(1) Her desk is always clean. （「彼女はいつも机をきれいに保つ」という意味の文に）

　　_____

(2) Raise your hand. （「もし質問があれば」という意味を後ろに加えて）

　　_____

(3) You are kind to people around you. （「〜しなければならない」という意味の文に）

　　_____

7 次の日本文を英語になおしなさい。　7点×2〔14点〕

(1) なぜあなたはそのイヌをシロ(Shiro)と名づけたのですか。

　　_____

(2) 彼は今日その練習問題(the exercise)を終える必要はありません。

　　_____

テストに出る！

予想問題

Lesson 4 ❷
Uluru 〜 文法のまとめ④

🕐 30分

/100点

🎵 **1** 対話を聞いて，最後の文に対する応答として適切なものを選び，記号で答えなさい。

(1) ア　I'll make you rice balls.　　イ　I'll buy a new cup for you.　　🎵 a13　　5点×2〔10点〕
ウ　You have to go to bed early.　　　　　　　　　　　　　　　　　　　（　　　）

(2) ア　She gave me a scarf.　　　イ　I call her Emi.
ウ　I gave her a watch.　　　　　　　　　　　　　　　　　　　　　　　（　　　）

2 次の日本文にあうように，＿＿＿に適する語を書きなさい。　　3点×4〔12点〕

(1) 武志は先週，家族といっしょにキャンプへ行きました。
Takeshi ＿＿＿＿＿＿＿＿＿ ＿＿＿＿＿＿＿＿＿ with his family last week.

(2) あしたそれを提出してください。
Please ＿＿＿＿＿＿＿ it ＿＿＿＿＿＿＿ tomorrow.

(3) 図書館への道を教えてもらえますか。
Can you ＿＿＿＿＿＿＿ me the ＿＿＿＿＿＿＿ to the library?

(4) このコンピューターを使ってもいいですか。
＿＿＿＿＿＿＿ ＿＿＿＿＿＿＿ use this computer?

🔵よく出る **3** 次の＿＿＿に適するものを下の〔　〕内から選び，書きなさい。　　4点×4〔16点〕

(1) The members of the brass band ＿＿＿＿＿＿＿ sick.

(2) Please ＿＿＿＿＿＿＿ me math.

(3) Did they ＿＿＿＿＿＿＿ their baby Thomas?

(4) I'm going to ＿＿＿＿＿＿＿ a bag for my sister.

〔 buy / give / do / look / name / sing / teach / cook 〕

🔵よく出る **4** 次の文を（　）内の指示にしたがって書きかえるとき，＿＿＿に適する語を書きなさい。

(1) My aunt sometimes writes me letters.　（ほぼ同じ内容の文に）　　4点×4〔16点〕
My aunt sometimes writes ＿＿＿＿＿＿＿ ＿＿＿＿＿＿＿ ＿＿＿＿＿＿＿ .

ミス注意！ (2) You have to return the DVD today.　（否定文に）
You ＿＿＿＿＿＿＿ ＿＿＿＿＿＿＿ to return the DVD today.

(3) Her name is Yuri.　（「私たちは彼女をユリと呼びます」という意味の文に）
We ＿＿＿＿＿＿＿ ＿＿＿＿＿＿＿ ＿＿＿＿＿＿＿ .

(4) That man is an engineer.　（「〜のように見えます」という意味の文に）
That man ＿＿＿＿＿＿＿ ＿＿＿＿＿＿＿ an engineer.

5 次の美香のフランス(France)についてのエッセイを読んで，あとの問いに答えなさい。〔19点〕

> 　Today, I'll talk about my favorite country, France. ①(　　　　)(　　　　)a lot of World Heritage Sites in the country.　I'm very interested in ②them.　③I think they will [something / tell / important / me].　I also like art very much.　France is famous for its art museums.　I will be happy when I see the beautiful pictures and statues there. I want to go to France in the future.

(1) 下線部①が「その国には世界遺産がたくさんあります。」という意味になるように，(　)に適する語を書きなさい。〈4点〉

(2) 下線部②が指すものを本文中の英語3語で書きなさい。〈4点〉

(3) 下線部③が意味の通る英文になるように，〔　〕内の語を並べかえなさい。〈5点〉
I think they will ＿＿＿＿＿＿＿＿＿＿＿＿＿＿.

(4) 美香はフランスで何を見るとうれしくなるでしょうか。日本語で書きなさい。〈6点〉
(　　　　　　　　　　　　　　　　　　　　　)

6 〔　〕内の語句を並べかえて，日本文にあう英文を書きなさい。5点×3〔15点〕

(1) 父は私たちにとてもおいしいカレーを作ってくれました。
[made / my father / curry / us / delicious].
_____

(2) 彼は中国でどのように時間を過ごしましたか。
[spend / in / did / he / China / how / his time]?
_____

(3) 乗客は搭乗時刻の30分前には搭乗口にいなければなりません。
The passengers [before / have / 30 minutes / the gate / to be / at] the boarding time.
The passengers _____
the boarding time.

7 次の日本文を英語になおしなさい。6点×2〔12点〕

(1) 私は姉にクッキーを何枚かあげました。
_____

(2) 彼の言葉はエマ(Emma)を怒らせるでしょう。
_____

A Pot of Poison

テストに出る! ココが要点&チェック!

未来の表し方 / 命令文 / 助動詞 shall, must
教 p.66〜p.70

1 will と be going to（復習）
→★(1)(2)

これから先のことや未来を「〜でしょう」というときは〈will＋動詞の原形〉で表す。すでに予定されている未来を「〜するつもりです」というときは be going to 〜 で表す。

I'm going to see a movie this afternoon.
└→計画済みの予定　私は今日の午後映画を見るつもりです。

I'll go and see a movie this afternoon.
└→その場で決めたこと, 思いつき
＊will も be going to も後ろは動詞の原形が続く！
私は今日の午後映画を見に行くでしょう。

・短縮形・
主語（代名詞）＋will
・I will → I'll, you will → you'll など
否定形
・will not → won't

2 命令文（復習）
→★(3)〜(5)

「〜しなさい」という指示は動詞の原形で文を始め、「〜してはいけません」という禁止は命令文の前に Don't を置く。「〜しましょう」という勧誘は Let's を使う。

命令文	Open the window.	窓を開けてください。
禁止	Don't open the window.	窓を開けてはいけません。
勧誘	Let's open the window.	窓を開けましょう。
動詞の原形

・be 動詞の命令文・
be 動詞の命令文は原形の be を使う。
・Be careful.「気をつけて。」
・Don't be late.「遅れないで。」

3 Shall we 〜? / 推量の must
→★(6)(7)

Shall we 〜? は「〜しましょうか。」と相手を勧誘する表現。Let's の文と同意で, 応答文には let's を使う。助動詞 must には「〜に違いない」という推量の用法がある。

Shall we have lunch? — Yes, let's.
└→Let's have lunch. とほぼ同じ意味。
└→断る場合は No, let's not.「いいえ, やめましょう。」と答える。
昼食を食べましょうか。－はい, そうしましょう。

You must be tired.
└→推量の must：「〜に違いない」
あなたは疲れているに違いありません。

☆チェック！　（　）内から適する語を選びなさい。

1
- □ (1) We (will / are) going to see him tomorrow.　私たちはあした彼に会うつもりです。
- □ (2) He will (come / comes) to our party.　彼は私たちのパーティーに来るでしょう。

- □ (3) Tom, (wash / washes) the dishes.　トム, 皿を洗いなさい。

2
- □ (4) (Not / Don't) play baseball here.　ここで野球をしてはいけません。
- □ (5) Let's (sing / singing) together.　いっしょに歌いましょう。

- □ (6) (Shall / Do) we start dinner? — Yes,(let / let's).

3
　　夕食を始めましょうか。— はい, そうしましょう。
- □ (7) He (may / must) be happy.　彼はうれしいに違いありません。

☆チェック！ の答えは次ページ ⤵

テスト対策問題

テスト対策☀ナビ

♪ リスニング
♪ a14

1 対話を聞いて，最後の文に対する応答として最も適切なものを選び，記号で答えなさい。

(1) ア　I went to the sea.　　イ　I'm going to climb the mountain.
　　ウ　My dream is to be a doctor.　　　　（　　）

(2) ア　Yes, let's.　　イ　No, I didn't.
　　ウ　Yes, please.　　　　（　　）

2 (1)〜(4)は単語の意味を書きなさい。(5)〜(8)は日本語を英語にしなさい。

(1) worry （　　　　） (2) shut （　　　　）
(3) break （　　　　） (4) stuff （　　　　）
(5) 恐ろしい ＿＿＿＿ (6) 信じる ＿＿＿＿
(7) 砂糖 ＿＿＿＿ (8) 毒，毒薬 ＿＿＿＿

2 重要単語

(4)「職員」の staff との違いに注意。
(6)つづりに注意。

3 次の日本文にあうように，＿＿に適する語を書きなさい。

(1) それはあとで調べましょう。
　Let's ＿＿＿＿ it ＿＿＿＿ later.

(2) 皿の上に少しのクッキーがあります。
　There are ＿＿＿＿ ＿＿＿＿ cookies on the plate.

3 重要表現
(1)「調べる」

(2)「少しの〜」

4 次の文を（　）内の指示にしたがって書きかえなさい。

(1) It will be hot tomorrow.（疑問文とそれに Yes で答える文に）
　＿＿＿＿＿＿＿＿＿＿
　— ＿＿＿＿＿＿＿＿＿

(2) Shall we play soccer?
　（Let's を使ったほぼ同じ意味の文とそれに No で答える文に）
　＿＿＿＿＿＿＿＿＿＿
　— ＿＿＿＿＿＿＿＿＿

(3) Don't take this coat.（「持って行きなさい」という文に）
　＿＿＿＿＿＿＿＿＿＿

4 未来を表す表現など
(1) will を使った疑問文とそれに対する応答。

ポイント
(2)助動詞 shall
・Shall we 〜? は Let's 〜. とほぼ同意。

(3)「〜しなさい」は動詞の原形で文を始める。

5 次の日本文を英語になおしなさい。

(1) ケン（Ken）と私は奈良を訪れるつもりです。（going を使って）
　＿＿＿＿＿＿＿＿＿＿

(2) 彼女はお腹がすいているに違いありません。
　＿＿＿＿＿＿＿＿＿＿

5 英作文

ミス注意！
(1)主語が Ken and I なので，be 動詞は are。

(2)推量の must「〜に違いない」。

p.36 答 (1) are (2) come (3) wash (4) Don't (5) sing (6) Shall, let's (7) must

Reading for Fun 1
A Pot of Poison

⏱ 30分

/100点

🎵 **1** 対話を聞いて，内容にあう絵を選び，記号で答えなさい。　　　🎵 a15　〔5点〕

ア		イ		ウ		エ	
月曜日	火曜日	月曜日	火曜日	月曜日	火曜日	月曜日	火曜日
☀	☀	☂→☀	☀	☁	☂→☀	☂	☁

(　　　)

2 次の日本文にあうように，＿＿に適する語を書きなさい。　　3点×4〔12点〕

(1) あなたはすべての料理を作りました。

　　You made ＿＿＿＿＿＿＿ ＿＿＿＿＿＿＿ the dishes.

(2) 電話が鳴っています。

　　The phone ＿＿＿＿＿＿＿ ＿＿＿＿＿＿＿.

よく出る (3) 心配しないで。

　　＿＿＿＿＿＿＿ ＿＿＿＿＿＿＿.

(4) 彼はトラブルに巻き込まれています。

　　He is ＿＿＿＿＿＿＿ ＿＿＿＿＿＿＿.

3 次のようなとき英語ではどのようにいうか。下から選び，記号で答えなさい。　3点×5〔15点〕

(1) 相手の意見が正しいと思うとき。　　　　　　　　　　　　　　(　　　)

(2) 相手にからかわれていると感じたとき。　　　　　　　　　　　(　　　)

(3) 「ちょっと待って。」と言いたいとき。　　　　　　　　　　　(　　　)

(4) 相手の言いたいことを確認したいとき。　　　　　　　　　　　(　　　)

(5) 何が起こっているのかわからないとき。　　　　　　　　　　　(　　　)

　　ア　What do you mean?　　イ　You must be kidding.　　ウ　Wait a minute.

　　エ　You're right.　　　　オ　What's going on?

やや難 **4** 次の文を（ ）内の指示にしたがって書きかえるとき，＿＿に適する語を書きなさい。

(1) Let's go to the cafe.　（ほぼ同じ内容の文に）　　　　　　　4点×3〔12点〕

　　＿＿＿＿＿＿＿ ＿＿＿＿＿＿＿ go to the cafe?

(2) The curry is very good.　（「とてもいいにおいがする」という意味の文に）

　　The curry ＿＿＿＿＿＿＿ very good.

ミス注意! (3) We visit China <u>every</u> year.　（下線部を next にかえて）

　　＿＿＿＿＿＿＿ ＿＿＿＿＿＿＿ ＿＿＿＿＿＿＿ visit China next year.

5 次の対話文を読んで，あとの問いに答えなさい。　　　　　　　　　　　〔23点〕

> *Master:*　I'm going to see a friend. ①I'll [a / back / in / be / hours / few].
> *Kan:*　Yes, Master.
> *Master:*　Do you see that pot on the ②shelf?
> *Chin:*　Yes, Master.
> *Master:*　Don't touch ③it. Don't open it. ④It's (　　　)(　　　) poison.
> *An:*　Poison? Poison! We'll be careful.
> *Master:*　⑤(　　　) very, very (　　　).
> *An, Chin:*　We will, Master. We will.

(1) 下線部①の[　]内の語を並べかえて，意味の通る英文にしなさい。　　〈5点〉

I'll _____ .

(2) 下線部②の単語の複数形を書きなさい。　_____〈3点〉

(3) 下線部③が指すものを本文中の英語2語で書きなさい。　　　　　　　〈5点〉

_____ _____

(4) 下線部④，⑤がそれぞれ次の意味になるように，（　）に適する語を書きなさい。

5点×2〈10点〉

④ 「それは毒でいっぱいです。」　_____ _____

⑤ 「とても，とても気をつけて。」　_____ , _____

6 [　]内の語句を並べかえて，日本文にあう英文を書きなさい。　5点×3〔15点〕

(1) その辞書を使わないで。　[dictionary / not / use / that / do].

_____

(2) 彼らはそのマンガ本を買わないでしょう。　[buy / won't / they / the comics].

_____

(3) あなたは時間のことを考える必要はありません。

[time / have / think / don't / to / you / about].

_____

7 次の日本文を英語になおしなさい。　　　　　　　　　　　　　　6点×3〔18点〕

(1) 彼女はすぐにここへ来るでしょう。　（will を使って）

_____

(2) あなたの家族に親切にしなさい。

_____

(3) その知らせは本当に違いありません。

_____

Lesson 5 〜 Project 2

Things to Do in Japan 〜 修学旅行のプランを提案しよう

テストに出る! ココが要点&チェック!

形容詞の比較級・最上級

教 p.71〜p.86

1 形容詞の比較級 (-er) と最上級 (-est)

→★(1)(2)

2つのものを比べて「〜よりも…です」は形容詞の比較級 (-er) を使う。3つ以上のものを比べて「〜の中で最も［いちばん］…です」は形容詞の最上級 (-est) を使う。

| ふつうの文 | The Amazon is <u>long</u>. | アマゾン川は長いです。 |

比較級　The Amazon is longer than the Shinano River.
比較級：〈形容詞 + -er〉 ► than は「〜よりも」の意味
アマゾン川は信濃川よりも長いです。

最上級　The Amazon is the longest in South America.
最上級の前には the をつける◄　最上級：〈形容詞 + -est〉　►「〜(の中)で」：〈in + 集団・地域〉
アマゾン川は南アメリカでいちばん長いです。

2つを比べる→比較級

Mike is taller than Ken.

3つ以上を比べる→最上級

Mike is the tallest of the three.

── 比較級 (-er)・最上級 (-est) の作り方 ──

①たいていの語　→　そのまま er, est をつける。　　　　　　tall－taller－tallest
②-e で終わる語　→　r, st をつける。　　　　　　　　　　　large－larger－largest
③語尾が〈短母音+子音字〉　→　最後の文字を重ねて er, est をつける。　big－bigger－biggest
④語尾が〈子音字+y〉　→　y を i にかえて er, est をつける。　easy－easier－easiest
⑤不規則に変化するもの　：　good[well]－better－best, many[much]－more－most など

2 more, most を使った比較

→★(3)(4)

つづりの長い形容詞 (popular, difficult, famous など) の比較級・最上級は、〈more + 形容詞〉・〈most + 形容詞〉で表し、形容詞自体は変化しない。

ふつうの文　In our class, English is popular.
つづりが長い単語
私たちのクラスでは、英語は人気があります。

比較級　In our class, English is more popular than science.
比較級：〈more + 形容詞〉 ►「〜よりも」
私たちのクラスでは、英語は理科よりも人気があります。

最上級　In our class, English is the most popular of all the subjects.
最上級の前には the をつける◄　最上級：〈most + 形容詞〉　►「〜(の中)で」：〈of + the + 数 / of all / of + 複数名詞〉
私たちのクラスでは、英語はすべての教科の中で最も人気があります。

as ～ as ... / 副詞の比較級・最上級 / 疑問詞＋to ～   教 p.76～p.86

3 as ～ as ... 「…と同じくらい～」   → ★(5)(6)

「…と同じくらい～」と程度が同じことを表すときは，〈as＋形容詞［副詞］＋as ...〉の形を使う。
否定文では「…ほど～でない」という意味になる。

My cat is cute.　　　　　私のネコはかわいいです。
⇩ 比較変化はしない
My cat is as cute as yours.　　私のネコはあなたのネコと
〈as＋形容詞［副詞］＋as〉　　同じくらいかわいいです。

→ 否定文 ←
My cat is not as cute as yours.
「私のネコはあなたのネコほどかわいくありません。」

4 副詞の比較   → ★(7)(8)

動作の程度などを比べて表すときは，副詞の比較級・最上級を使う。副詞の最上級では the を省略することもできる。

比較級 Tom walks faster than Koji.　トムは耕司よりも速く歩きます。
　　　　　　　比較級　「～よりも」

最上級 I can swim the fastest in my school.
副詞の最上級では　　最上級　「～で」　私は学校で最も速く
the を省略できる　　　　　　　　泳ぐことができます。

→ like better など ←
I like cats better than dogs.
「私はイヌよりもネコが好きです。」
I like cats the best.
「私はネコがいちばん好きです。」

5 疑問詞（how など）＋to ～   → ★(9)(10)

〈how to＋動詞の原形〉で「どのように～するか」という意味を表す。what, when, where などの疑問詞も to 不定詞と組み合わせて使うことができる。

I'll show you how to make sushi.　私はあなたにすしの作り方を教えましょう。
〈疑問詞＋to＋動詞の原形〉：how to ～「どのように～するか」，what to ～「何を～するか」，
when to ～「いつ～するか」，where to ～「どこへ［で］～するか」など

☆チェック！ （　）内から適する語句を選びなさい。

1
- [ ] (1) I'm (taller / tallest) than my brother.　私は弟よりも背が高いです。
- [ ] (2) This cat is the (bigger / biggest) of the three.　このネコは3匹の中で最も大きいです。

2
- [ ] (3) This book is (more / most) difficult than that one.　この本はあの本よりも難しいです。
- [ ] (4) The bag is the (more / most) expensive there.　そのかばんはそこで最も高価です。

3
- [ ] (5) My hair is as (long / longer) as yours.　私の髪はあなたの髪と同じくらい長いです。
- [ ] (6) My bike is not (very / as) new as his.　私の自転車は彼の自転車ほど新しくありません。

4
- [ ] (7) Ken runs (fast / faster) than Mike.　健はマイクよりも速く走ります。
- [ ] (8) He plays tennis the (better / best) in the class.　彼はクラスで最も上手にテニスをします。

5
- [ ] (9) I don't know (what / how) to play the guitar.　私はギターの演奏の仕方を知りません。
- [ ] (10) Please tell me what (of doing / to do) next.　次に何をすればよいか私に教えてください。

テスト対策問題

テスト対策 ナビ

リスニング
♪ a16

1 英文と質問を聞いて，その答えとして適するものを1つ選び，記号で答えなさい。

(1) ア Ken is.　　　　　　　　　　イ　Yuka is.
　　 ウ Saki is.　　　　　　　　　　　　　　　　　　　　（　　　）

(2) ア The white cat is smaller than the black one.
　　 イ The two cats are the same age.
　　 ウ The black cat is smaller than the white one.　　　（　　　）

2 (1)〜(6)は単語の意味を書きなさい。(7)〜(10)は日本語を英語にしなさい。

(1) choose　（　　　　　）　(2) compare　（　　　　　）
(3) include　（　　　　　）　(4) heavy　　（　　　　　）
(5) daughter （　　　　　）　(6) opportunity（　　　　　）
(7) 若い　＿＿＿＿＿＿＿　(8) 結果　　＿＿＿＿＿＿＿
(9) 国，国土＿＿＿＿＿＿　(10) 南（の）　＿＿＿＿＿＿＿

3 次の日本文にあうように，＿＿に適する語を書きなさい。

(1) 私を訪ねてくれてありがとうございます。
　　＿＿＿＿＿＿ you ＿＿＿＿＿＿ visiting me.

(2) 彼らは私たちのチームの一員でした。
　　They were ＿＿＿＿＿ ＿＿＿＿＿ our team.

(3) 私たちはパーティーでとても楽しみました。
　　We ＿＿＿＿＿ a lot of ＿＿＿＿＿ at the party.

(4) 私は冬よりも夏のほうが好きです。
　　I like summer ＿＿＿＿＿ ＿＿＿＿＿ winter.

4 次の文の＿＿に，（　）内の語を適する形にかえて書きなさい。

(1) Your team is ＿＿＿＿＿ than mine. （strong）
(2) This island is the ＿＿＿＿＿ in their country. （large）
(3) Is this rock ＿＿＿＿＿ than that one? （heavy）
(4) This is the ＿＿＿＿＿ dog of the five. （big）

5 次の日本文にあうように，＿＿に適する語を書きなさい。

(1) このギターは私のものよりも高価です。
　　This guitar is ＿＿＿＿＿ ＿＿＿＿＿ than mine.

(2) そのバニラのアイスクリームは5つの中で最も人気があります。
　　The vanilla ice cream is the ＿＿＿＿ ＿＿＿＿ of the five.

サイド解説

2 重要単語
(1)過去形は chose。
(4)⇔ light

(10)⇔ north

3 重要表現

ミス注意！
(2)主語が複数なので be 動詞の後ろも複数形にする。

(3) a lot of＋名詞
(4)「…より〜が好き」は like 〜 better than …。

4 比較級・最上級

ポイント
・原則→ -er, -est
・語尾が e → -r, -st
・〈子音字＋y〉→ y を i にかえて -er, -est
・〈短母音＋子音字〉→子音字を重ねて -er, -est

5 more, most

ポイント
つづりの長い語
・比較級→前に more
・最上級→前に most

---

(1) taller　(2) biggest　(3) more　(4) most　(5) long　(6) as　(7) faster　(8) best　(9) how　(10) to do

6 次の英文を読んで，あとの問いに答えなさい。

　①They〔 as / as / were / interesting 〕sightseeing or shopping.　My daughter liked *shodo*, Japanese（　②　）, the best.　I liked wearing a kimono better（　③　）the fee was quite high.

(1) 下線部①の〔　〕内の語を並べかえて，意味の通る英文にしなさい。
　They ＿＿＿＿＿＿＿＿＿＿＿ sightseeing or shopping.

(2) ②，③の（　）に入る適切な語を下から選び，記号で答えなさい。
　②　ア　souvenirs　イ　food　ウ　calligraphy　（　　）
　③　ア　although　イ　so　ウ　when　（　　）

7 次の英文を，それぞれ as を使ったほぼ同じ意味を表す文に書きかえなさい。

(1) Her grandfather and her grandmother are the same age.
　＿＿＿＿＿＿＿＿＿＿＿＿＿＿＿＿＿＿＿＿

(2) This room is smaller than that one.
　＿＿＿＿＿＿＿＿＿＿＿＿＿＿＿＿＿＿＿＿

8 次の文の＿＿に，（　）内の語を適する形にかえて書きなさい。

(1) Ken comes to school the ＿＿＿＿＿ in his class.　（early）
(2) He eats ＿＿＿＿＿ than you.　（much）
(3) Aya plays the piano the ＿＿＿＿＿ of the three.　（well）

9 次の日本文にあうように，＿＿に適する語を書きなさい。

(1) あなたはピアノの演奏の仕方を知っていますか。
　Do you know ＿＿＿＿＿ ＿＿＿＿＿ play the piano?

(2) どこへ行けばよいか私に教えてください。
　Please tell me ＿＿＿＿＿ to ＿＿＿＿＿.

10 次の対話が成り立つように，＿＿に適する語を書きなさい。
Mika:　＿＿＿＿＿ ＿＿＿＿＿ ＿＿＿＿＿ go shopping today?
　（〜しませんか）
Jack:　OK.　I want to buy some comics.

11 次の日本文を英語になおしなさい。

(1) 海斗(Kaito)は彼の家族の中で最も忙しいです。
　＿＿＿＿＿＿＿＿＿＿＿＿＿＿＿＿＿＿＿＿

(2) この映画はあの映画よりもわくわくします。
　＿＿＿＿＿＿＿＿＿＿＿＿＿＿＿＿＿＿＿＿

6 本文の理解
(1) as 〜 as ...
(2)②書道の言いかえ
③接続詞「〜だけれども」

7 「…と同じくらい〜」
ポイント
・as 〜 as ...「…と同じくらい〜」
・not as 〜 as ...「…ほど〜でない」

8 副詞の比較
ポイント
不規則変化の形容詞・副詞
good / well → better・best
many / much → more・most

9 〈疑問詞＋to 〜〉
ポイント
to 不定詞を使った表現なので, to の後ろは動詞の原形になる。

10 「〜しませんか」
おぼえよう!
誘う表現「〜しませんか。」Why don't we 〜? ＝Shall we 〜?

11 英作文
(1)「家族」という集団の中なので前置詞は in。
(2)つづりが長い単語の比較級。

テストに出る！
予想問題

Lesson 5 〜 Project 2 ❶
Things to Do in Japan 〜 修学旅行のプランを提案しよう

🕐 30分

/100点

1 下の表を参考に質問を聞いて，その答えとして適するものを1つ選び，記号で答えなさい。

♪ a17　3点×2〔6点〕

	50 m 走	身長	体重
Ken	7.1 秒	165 cm	55 kg
Tom	8.2 秒	170 cm	62 kg
Akira	8.7 秒	168 cm	70 kg
Bob	7.9 秒	175 cm	68 kg

(1)　ア　Ken is.　　　イ　Tom is.
　　　ウ　Akira is.　　エ　Bob is.

（　　　）

(2)　ア　Ken does.　　イ　Tom does.
　　　ウ　Akira does.　　エ　Bob does.

（　　　）

2 対話と質問を聞いて，その答えとして適するものを1つ選び，記号で答えなさい。　♪ a18

〔5点〕

ア　She wants to learn how to play the drums.
イ　She wants to learn how to play the *shamisen*.
ウ　She wants to sing Japanese songs.

（　　　）

3 次の日本文にあうように，＿＿に適する語を書きなさい。　3点×3〔9点〕

(1)　あなたは自分で朝食を作らなければなりません。
　　　You have to make breakfast ＿＿＿＿＿＿＿ ＿＿＿＿＿＿＿ .

(2)　生徒のおよそ半分が男の子です。
　　　About ＿＿＿＿＿＿＿ ＿＿＿＿＿＿＿ the students are boys.

(3)　私たちはボランティア活動に参加するつもりです。
　　　We will ＿＿＿＿＿＿＿ ＿＿＿＿＿＿＿ volunteer activities.

4 次の各組の文がほぼ同じ内容を表すように，＿＿に適する語を書きなさい。　4点×3〔12点〕

(1)　{ Akane Tunnel is longer than that tunnel.
　　{ That tunnel is not ＿＿＿＿＿＿＿ ＿＿＿＿＿＿＿ as Akane Tunnel.

やや難 (2)　{ My mother gets up earlier than I.
　　{ I ＿＿＿＿＿＿＿ get up ＿＿＿＿＿＿＿ early ＿＿＿＿＿＿＿ my mother.

やや難 (3)　{ My favorite subject is math.
　　{ I like math ＿＿＿＿＿＿＿ ＿＿＿＿＿＿＿ ＿＿＿＿＿＿＿ all the subjects.

5 次のようなとき英語ではどのようにいうか。下から選び，記号で答えなさい。　4点×2〔8点〕

(1)　相手に話を聞いてほしいとき。　　　　　　　　　　　　　　（　　　）
(2)　電話口で「私です。」というとき。　　　　　　　　　　　　（　　　）

　　　ア　Speaking.　　　　　イ　I see.
　　　ウ　I'm sorry, I can't.　　エ　Guess what?

6 次の英文を読んで，あとの問いに答えなさい。 〔21点〕

①A (   )(   ) my students chose *shodo*. These students are interested in languages. They think Japanese writing is the most beautiful. They want to use *shodo* brushes and write their names and ② some words (   )(   ).

In short, for our class, ③ these three activities are [interesting / activities / than / more / other]. I hope this information helps when you organize the welcome party. ④ This will be a great opportunity for us. We look forward to ⑤(see) you soon.

(1) 下線部①，②が次の意味になるように，（ ）に適する語を書きなさい。 3点×2〈6点〉

   ① 「2，3人の私の生徒」　　　　　　　 ＿＿＿＿＿＿＿ ＿＿＿＿＿＿＿

   ② 「日本語でいくつかのことば」　　　　 ＿＿＿＿＿＿＿ ＿＿＿＿＿＿＿

(2) 下線部③が「これら3つの活動はほかの活動よりも興味深いです」という意味になるように，[ ]内の語を並べかえなさい。 〈5点〉

   these three activities are ＿＿＿＿＿＿＿＿＿＿＿＿＿＿＿＿＿＿＿＿＿

(3) 下線部④が指すものを本文中の英語3語で書きなさい。 〈5点〉

   ＿＿＿＿＿＿＿＿＿ ＿＿＿＿＿＿＿＿＿ ＿＿＿＿＿＿＿＿＿

(4) ⑤の（ ）内の語を適する形になおしなさい。 〈5点〉 ＿＿＿＿＿＿＿＿＿

7 [ ]内の語や符号を並べかえて，日本文にあう英文を書きなさい。 6点×3〔18点〕

(1) いくつか選択肢を差し上げましょう。 [offer / will / some / you / choices / we].

＿＿＿＿＿＿＿＿＿＿＿＿＿＿＿＿＿＿＿＿＿＿＿＿＿＿＿＿＿＿＿＿＿＿＿

(2) 私は花の活け方を習いたいです。

   [learn / to / to / how / I'd / flowers / like / arrange].

＿＿＿＿＿＿＿＿＿＿＿＿＿＿＿＿＿＿＿＿＿＿＿＿＿＿＿＿＿＿＿＿＿＿＿

(3) ネコとイヌでは，どちらが好きですか。

   [you / which / better / cats / or / like / do / ,] dogs?

＿＿＿＿＿＿＿＿＿＿＿＿＿＿＿＿＿＿＿＿＿＿＿＿＿＿＿ dogs?

8 次の日本文を英語になおしなさい。 7点×3〔21点〕

(1) 私の母は私の父よりも若いです。

＿＿＿＿＿＿＿＿＿＿＿＿＿＿＿＿＿＿＿＿＿＿＿＿＿＿＿＿＿＿＿＿＿＿＿

(2) あの像(that statue)はその3体の中で最も価値があります。

＿＿＿＿＿＿＿＿＿＿＿＿＿＿＿＿＿＿＿＿＿＿＿＿＿＿＿＿＿＿＿＿＿＿＿

(3) 彼はあなたと同じくらいいっしょうけんめい英語を勉強します。

＿＿＿＿＿＿＿＿＿＿＿＿＿＿＿＿＿＿＿＿＿＿＿＿＿＿＿＿＿＿＿＿＿＿＿

テストに出る！
予想問題

Lesson 5 〜 Project 2 ❷
Things to Do in Japan 〜 修学旅行のプランを提案しよう

🕐 30分

/100点

1 対話を聞いて，内容にあうグラフを選び，記号で答えなさい。　　♪ a19　〔5点〕

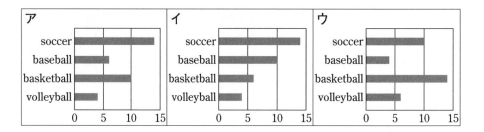

（　　）

2 次の日本文にあうように，＿＿に適する語を書きなさい。　　3点×4〔12点〕

(1) 外へ行くときは暖かくしておきなさい。

＿＿＿＿＿＿＿＿ ＿＿＿＿＿＿＿＿ when you go outside.

(2) 私は2，3時間前にジェーンに電話をかけました。

I called Jane a ＿＿＿＿＿＿＿ ＿＿＿＿＿＿＿ hours ago.

(3) 私たちはきのう，沖縄の歴史を学びました。

We learned the ＿＿＿＿＿＿＿ ＿＿＿＿＿＿＿ Okinawa yesterday.

ミス注意！ (4) ジンは着物を着ることを楽しみにしています。

Jin is ＿＿＿＿＿＿＿ ＿＿＿＿＿＿＿ to ＿＿＿＿＿＿＿ a kimono.

よく出る **3** 次の対話が成り立つように，＿＿に適する語を書きなさい。　　4点×3〔12点〕

(1) Hello, this is Yuka. ＿＿＿＿＿＿＿ I ＿＿＿＿＿＿＿ to Ben?
— Speaking.

(2) ＿＿＿＿＿＿＿ subject do you like ＿＿＿＿＿＿＿, English or math?
— I like English ＿＿＿＿＿＿＿.

(3) ＿＿＿＿＿＿＿ don't we go to the movie theater today?
— ＿＿＿＿＿＿＿ like to, but I have a lot of things to do today.

よく出る **4** 次の文を（　）内の指示にしたがって書きかえるとき，＿＿に適する語を書きなさい。

(1) Mai is 14 years old. Tom is 14 years old. （この2文の内容にあう文に）　4点×4〔16点〕

Mai is ＿＿＿＿＿＿＿ ＿＿＿＿＿＿＿ ＿＿＿＿＿＿＿ Tom.

(2) This bag is 250 dollars. That bag is 200 dollars. （この2文の内容にあう文に）

This bag is ＿＿＿＿＿＿＿ ＿＿＿＿＿＿＿ ＿＿＿＿＿＿＿ that one.

(3) This mountain is high. （「この県でいちばん高い」という意味の文に）

This mountain is the ＿＿＿＿＿＿＿ this ＿＿＿＿＿＿＿.

やや難 (4) He has many books. （「ミア(Mia)よりもたくさん本を持っている」という意味の文に）

He has ＿＿＿＿＿＿＿ ＿＿＿＿＿＿＿ ＿＿＿＿＿＿＿ Mia.

5 留学生のジェーンが書いた英文を読んで，あとの問いに答えなさい。 〔19点〕

> Last Sunday, I ate curry （ ① ） the first time. It was delicious pork curry. I heard that there were （ ② ） kinds of curry, so I asked my classmates, "③What curry 〔 like / do / best / the / you 〕?" Beef curry is the most popular. Seafood curry is the second. The ④(three) is chicken. The fourth is green vegetable curry. ⑤I want to know （　　　）（　　　）（　　　） all kinds of curry.

(1) ①，②の（　）に適する語を下から選び，記号で答えなさい。 3点×2〈6点〉

① ア　at　　　　イ　for　　　　ウ　in　　　　エ　of　　　　　　　（　　）

② ア　much　　イ　tradition　ウ　further　エ　different　　　　（　　）

(2) 下線部③が意味の通る英文になるように，〔　〕内の語を並べかえなさい。 〈5点〉

What curry _____ ?

(3) ④の（　）内の語を適する形になおしなさい。 〈4点〉

_____

(4) 下線部⑤が「私はすべての種類のカレーの作り方を知りたいです。」という意味になるように，（　）に適する語を書きなさい。 〈4点〉

_____ _____ _____

6 〔　〕内の語を並べかえて，日本文にあう英文を書きなさい。 6点×3〔18点〕

(1) あなたのクラスでだれが最も速く走りますか。

〔 fastest / in / who / your / runs 〕 class?

_____ class?

(2) パーティーを計画して準備するのに最も重要なことは何ですか。

What's 〔 thing / to / most / the / organize / important 〕 a party?

What's _____ a party?

(3) 私は姉に何をすればよいかたずねました。

〔 to / sister / asked / do / I / what / my 〕.

_____

7 次のようなとき，英語でどのようにいうか書きなさい。 6点×3〔18点〕

(1) マイク(Mike)は彼の父親ほどは背が高くないと伝えるとき。

_____

(2) 祖父は自分の家族の中でいちばん早く寝ると伝えるとき。

_____

(3) いつここに来ればよいかわからないと伝えるとき。

_____

Tea from China

テストに出る！ **ココ**が**要点**&**チェック！**

現在完了形(現在と過去を結びつける表現) 教 p.91〜p.99

1 継続用法 「(ずっと)〜しています」 →★(1)(2)

「(ずっと)〜しています」と過去のある時点から始まった動作・状態が現在も継続中であること
を表すときは，〈have[has]＋動詞の過去分詞〉の現在完了形を使う。

現在形 I __live__ in this town.
⇩ 現在形：現在のことを表す
私はこの町に住んでいます。

過去形 I __lived__ in this town last year.
⇩ 過去形：過去のことを表す
私は昨年この町に住んでいました。

現在完了形 I have lived in this town for many years.
〈have＋過去分詞〉 「〜の間」：期間を示す
短縮形は I've← 過去から現在までの継続状態
「(ずっと)〜しています」
私はこの町に何年もの間ずっと住んでいます。

現在形 Miki __lives__ in this town.
⇩ 主語が3人称単数なので -(e)s がつく
美紀はこの町に住んでいます。

過去形 Miki __lived__ in this town two years ago.
⇩ 3人称単数でも過去形は同じ形
美紀は2年前この町に住んでいました。

現在完了形 Miki has lived in this town since 2016.
主語が3人称単数 「〜から」：開始時点を示す
⇒〈has＋動詞の過去分詞〉
美紀はこの町に2016年からずっと住んでいます。

規則動詞の過去分詞

過去形と同じ形

play	played	played
live	lived	lived
study	studied	studied
stop	stopped	stopped

過去形(過去のことだけを表す)

先週 → 現在

Ken was in America last week.
健は先週，アメリカにいました。

現在完了形(過去に始まり，現在も継続中)

先週 → 現在

Ken has been in America since last week.
健は先週からずっとアメリカにいます。

不規則動詞の過去分詞

A−A−A型	A−B−A型	A−B−B型	A−B−C型
put−put−put	come−came−come	have / has−had−had	do / does−did−done
read−read−read	run−ran−run	keep−kept−kept	know−knew−known
[red] [red]		send−sent−sent	see−saw−seen

現在完了形の疑問文 / 期間を問う表現

教 p.94〜p.99

② 現在完了形（継続用法）の疑問文

(3)(4)

現在完了形の疑問文は〈Have[Has] + 主語 + 動詞の過去分詞 〜?〉で表す。応答文でも have [has] を使う。

肯定文　　　　I　have lived in this town for a long time.　私はこの町に長い間住んでいます。

疑問文　Have you ⬚ lived in this town for a long time?　あなたはこの町に長い間住んでいますか。
　　　↑　　　　　　過去分詞のまま
　　have が主語の前

— Yes, I have. / No, I have not. — はい，住んでいます。/ いいえ，住んでいません。
　　have を使って答える　　短縮形は have not → haven't
　　　　　　　　　　　　　　　　has not → hasn't

③ 期間を問う表現「どれくらい（長く）〜していますか」

(5)

「どれくらい（長く）〜していますか」と期間をたずねるときは How long 〜? を使う。答えるときは for「〜の間」や since「〜から」を使って答える。

How long have you lived in this town?　　あなたはこの町にどれくらい長く住んでいますか。
How long の後ろは〈have[has] + 主語 + 動詞の過去分詞〉

— For five years. / Since I was ten. — 5年間住んでいます。/ 10歳のときから住んでいます。
〈for + 時間・期間〉「〜の間」　〈since + 始まりの時点を表す語句 / 主語 + 動詞〉「〜から」

Could you 〜?

教 p.102〜p.103

④「〜していただけますか」

(6)

ていねいに「〜していただけますか。」と依頼するときは Could you 〜? を使う。

Could you speak louder, please?　　　　　もっと大きい声で話していただけますか。
Can you 〜? よりもていねいないい方。　　　文末に〜, please? をつけると
　　　　　　　　　　　　　　　　　　　　　さらにていねいに依頼できる。

— Yes, of course.　　　　　　　　　　　　— もちろんです。
　断るときは，I'm afraid I can't.「残念ですができません。」などと答える。

★チェック！　（　）内から適する語を選びなさい。

1
- □ (1) I have (study / studied) French since last year.　私は昨年からフランス語を勉強しています。
- □ (2) Kate (have / has) used the pen for five years.　ケイトはそのペンを5年間使っています。

2
- □ (3) (Have / Did) you been busy since last week?　あなたは先週からずっと忙しいのですか。
　　　　— Yes, I (have / did).　　　　　　　　　　　　— はい，忙しいです。
- □ (4) (Has / Does) he worked here for many years?　彼はここで何年もの間働いていますか。
　　　　— No, he (doesn't / hasn't).　　　　　　　　　— いいえ，働いていません。

3
- □ (5) How (long / many) have you played *shogi*?　あなたはどれくらい長く将棋をしていますか。
　　　　— (For / Since) I was nine.　　　　　　　　　— 私が9歳のときからしています。

4
- □ (6) (Could / May) you tell me more about you?　あなたのことをもっと教えていただけますか。

★チェック！ の答えは次ページ ➡　**49**

テスト対策問題

テスト対策☀ナビ

🎵 リスニング

♪ a20

1 英文と質問を聞いて，その答えとして適するものを1つ選び，記号で答えなさい。

(1) ア　Yes, he was.　　　イ　No, he hasn't.
　　ウ　Yes, he has.　　　　　　　　　　　　（　　　）

(2) ア　For three hours.　　イ　Three hours ago.
　　ウ　To read a book.　　　　　　　　　　（　　　）

2 (1)〜(6)は単語の意味を書きなさい。(7)〜(10)は日本語を英語にしなさい。

(1) leaf　（　　　　）　(2) ready　（　　　　　）
(3) humid　（　　　　）　(4) train　（　　　　　）
(5) meal　（　　　　）　(6) type　（　　　　　）
(7) 管理する人＿＿＿＿＿　(8) ヨーロッパ＿＿＿＿＿＿
(9) 東（の）＿＿＿＿＿　(10) 薬，医薬＿＿＿＿＿＿

2 重要単語
(1)複数形：leaves

(6)類義語：kind

(9)⇔ west

3 次の日本文にあうように，＿＿に適する語を書きなさい。

(1) ここに10本の鉛筆があります。
　＿＿＿＿＿＿＿ ＿＿＿＿＿＿＿ ten pencils.

(2) 私の祖母は80歳です。
　My grandmother is 80 ＿＿＿＿＿＿ ＿＿＿＿＿＿.

(3) この家にはたくさんの部屋があります。
　There are ＿＿＿＿＿ ＿＿＿＿＿ rooms in this house.

(4) ゾウはこのようにして食べ物を食べます。
　Elephants eat food ＿＿＿＿＿ this ＿＿＿＿＿.

(5) 彼は日本で最も有名な歌手の1人です。
　He is ＿＿＿＿＿ of the most famous ＿＿＿＿＿ in Japan.

3 重要表現
(1) be 動詞は後ろの名詞の数にあわせる。

おぼえよう！
(3)「たくさんの」は many, a lot of, plenty of などがある。

ミス注意！
(5) one of の後ろの名詞は複数形。

4 次の文の最後に，（　）内の語句をつけ加えて，継続用法の現在完了形の文に書きかえなさい。

(1) I practice the jazz piano.　(since last year)
　＿＿＿＿＿＿＿＿＿＿＿＿＿＿＿＿＿＿＿＿＿＿＿

(2) My aunt stays in Kyoto.　(for two days)
　＿＿＿＿＿＿＿＿＿＿＿＿＿＿＿＿＿＿＿＿＿＿＿

(3) We are good friends.　(since we were children)
　＿＿＿＿＿＿＿＿＿＿＿＿＿＿＿＿＿＿＿＿＿＿＿

4 「（ずっと）〜しています」

ポイント
現在完了形（継続用法）
〈have[has]＋動詞の過去分詞〉
「（ずっと）〜しています」

p.49 答　(1) studied　(2) has　(3) Have, have　(4) Has, hasn't　(5) long, Since　(6) Could

5 陸とメイは，メイが働いている北京の茶店について話しています。次の対話文を読んで，あとの問いに答えなさい。

> *Riku:*　How long have you worked there?
> *Mei:*　（　①　）2016. I want to be a Chinese tea master. I have a test next week.
> *Riku:*　Have you studied hard for ②it?
> *Mei:*　Yes, I have. For two years. I'm ③ almost ready.

5 本文の理解

(1)　①の（　）に入る適切な語を書きなさい。　＿＿＿＿＿＿

(1)「2016年から」

(2)　下線部②が指すものを本文中の英語2語で抜き出しなさい。
　　＿＿＿＿＿＿　＿＿＿＿＿＿

(3)　下線部③と最も近い意味の語を下から選び，記号で答えなさい。
　　ア　generally　　イ　nearly　　ウ　sincerely　　（　　）

(3) almost「ほとんど」

6 次の対話が成り立つように，＿＿に適する語を書きなさい。

6「（ずっと）〜していますか」

(1)　＿＿＿＿＿＿　＿＿＿＿＿＿ waited for a long time?
　　— Yes, I have.

(2)　＿＿＿＿＿＿ the boys played soccer since last summer?
　　— No, they ＿＿＿＿＿＿.

ミス注意！
疑問文：〈Have［Has］＋主語＋動詞の過去分詞〜?〉

(2)短縮形を使う。

7 次の文を，下線部をたずねる文に書きかえなさい。

(1)　These students have cleaned the park <u>for two years</u>.
　　＿＿＿＿＿＿＿＿＿＿＿＿＿＿＿＿＿＿＿

(2)　Tom has belonged to a tennis team <u>since last year</u>.
　　＿＿＿＿＿＿＿＿＿＿＿＿＿＿＿＿＿＿＿

7「どれくらい（長く）〜していますか」

ポイント
「どれくらい（長く）〜していますか。」と期間をたずねるときはHow long 〜? を使う。

8 次の対話が成り立つように，＿＿に適する語を書きなさい。

> *Ken:*　(1)＿＿＿＿＿＿　＿＿＿＿＿＿ tell me the answer?
> 　　（〜していただけますか）
> *Sara:*　(2)I'm ＿＿＿＿＿＿ I ＿＿＿＿＿＿.
> 　　（残念ですができません）

8「〜していただけますか」

ポイント
「〜していただけますか。」とていねいに依頼するときはCould you 〜? を使う。

9 次の日本文を英語になおしなさい。

(1)　私は10年間ずっと横浜に住んでいます。
　　＿＿＿＿＿＿＿＿＿＿＿＿＿＿＿＿＿＿＿

(2)　彼はきのうからずっと具合が悪いのですか。— はい，そうです。
　　＿＿＿＿＿＿＿＿＿＿＿＿＿＿＿＿＿＿＿
　　— ＿＿＿＿＿＿＿＿＿＿＿＿

9 英作文
(1)現在完了形の文。
(2)3人称単数の現在完了形の疑問文とその応答。

テストに出る！
予想問題

Lesson 6
Tea from China

🕐 30分

/100点

1 対話を聞いて，内容にあう英文を選び，記号で答えなさい。 ♪ a21 〔5点〕

ア Tom got the bag from his father twelve years ago.

イ Tom has used the bag for twelve years.

ウ Tom has used the bag since he was twelve years old.

エ Tom has wanted a new bag for two years.   (   )

2 次の日本文にあうように，＿＿に適する語を書きなさい。   3点×4〔12点〕

ミス注意 (1) この橋はおよそ 150 m の長さです。

This bridge is about 150 ＿＿＿＿＿＿ ＿＿＿＿＿＿ .

(2) 彼女はふろしきでビンを包みました。

She ＿＿＿＿＿＿ a bottle ＿＿＿＿＿＿ a *furoshiki*.

(3) 私は先生にいくつかのヒントを求めました。

I ＿＿＿＿＿＿ my teacher ＿＿＿＿＿＿ some hints.

やや難 (4) いったいどうしましたか。

What's ＿＿＿＿＿＿ ＿＿＿＿＿＿ ＿＿＿＿＿＿ you?

3 次の文の( )内から適する語を選び，○で囲みなさい。   3点×4〔12点〕

(1) We have known him (since / for) he was three.

(2) Have you read Japanese comics (since / for) five years?

(3) I have lived in this city (since / for) more than twenty years.

(4) I haven't seen her (since / for) last September.

やや難 **4** 次の対話が成り立つように，( )に適する文を下から選び，記号で答えなさい。

4点×4〔16点〕

Kana: (①   )

Max: Yes, please. (②   ) I have to go to Hikari Junior High School, but I don't know how to get there.

Kana: The school is near here. (③   )

Max: (④   )

ア I'm in trouble.   イ I'm afraid I can't.   ウ Do you need some help?

エ I appreciate it.   オ Shall I take you there?

①(   ) ②(   ) ③(   ) ④(   )

5 次の英文を読んで，あとの問いに答えなさい。　〔22点〕

Tea has its roots in China.　We Chinese have ①(enjoy) tea for thousands of years. We drink it with every meal.

Experts think that Chinese people first used tea as a kind of medicine.　②They soon learned that ③[made / also / active / people / tea] and realized that it was delicious.　It ④(become) a popular drink during the 700s, almost 1,300 years ago.

Generally, there are six types of tea: green, black, yellow, white, oolong, and *pu'er*. All tea comes from the same plant, the camellia of China, but the way of ⑤(prepare) tea leaves is different.　For example, if you roast tea leaves, they keep their fresh and bitter taste.　This makes ⑥green tea.

(1)　①，④，⑤の（　）内の語を適する形になおしなさい。　3点×3〈9点〉

　　①＿＿＿＿＿＿＿　④＿＿＿＿＿＿＿　⑤＿＿＿＿＿＿＿

(2)　下線部②が指すものを，本文中の英語2語で書きなさい。　〈4点〉

　　＿＿＿＿＿＿＿　＿＿＿＿＿＿＿

(3)　下線部③が「お茶はまた人々を活動的にしました」という意味になるように，〔　〕内の語を並べかえなさい。　〈4点〉

　　＿＿＿＿＿＿＿＿＿＿＿＿＿＿＿＿＿＿＿

(4)　下線部⑥の風味の特徴を日本語で答えなさい。　〈5点〉

　　（　　　　　　　　　　　　　　　　　　）

6 次の文を（　）内の指示にしたがって書きかえなさい。　5点×3〔15点〕

(1)　I am tired today.　（下線部を「きのうから」という意味の語句にかえて）

　　＿＿＿＿＿＿＿　＿＿＿＿＿＿＿ tired ＿＿＿＿＿＿＿ yesterday.

(2)　She has worked at the library for two years.　（疑問文と No で答える文に）

　　＿＿＿＿＿ she ＿＿＿＿＿ at the library for two years? ― No, she ＿＿＿＿＿.

(3)　They have studied Japanese for a year.　（下線部をたずねる文に）

　　＿＿＿＿＿＿＿　＿＿＿＿＿＿＿　＿＿＿＿＿＿＿ they ＿＿＿＿＿＿＿ Japanese?

7 次の日本文を英語になおしなさい。　6点×3〔18点〕

(1)　彼女はそのプリント(the handout)を長い間ずっと持ち続けています。

　　＿＿＿＿＿＿＿＿＿＿＿＿＿＿＿＿＿＿＿＿＿

(2)　あなたはどれくらい長くその歌手に興味を持っていますか。

　　＿＿＿＿＿＿＿＿＿＿＿＿＿＿＿＿＿＿＿＿＿

(3)　この紙のコピーをとってくださいませんか。

　　＿＿＿＿＿＿＿＿＿＿＿＿＿＿＿＿＿＿＿＿＿

Lesson 7 ～ Project 3

Rakugo Goes Overseas ～ ディスカッションをしよう

テストに出る! ココが要点&チェック!

現在完了形(完了用法)

教 p.105～p.117

1 完了用法

→ ★(1)(2)

現在完了形〈have[has]+動詞の過去分詞〉は「～したところです」,「(もうすでに)～しました」という意味にもなり,動作が完了していることを表す。

have と過去分詞の間：just「ちょうど」,already「すでに」

I have just finished lunch.

〈have+過去分詞〉：動作の完了
「～したところです」

私はちょうど昼食を終えたところです。

過去形(過去：いつ何をしたか)

6時　　現在

I had dinner at six.
6時に夕食を食べた
(過去の行為)

現在完了形(完了用法：その動作を終えたことや終わった状態)

現在

I have just had dinner.
ちょうど夕食を食べ終えたところ
(だから今は食べていない)

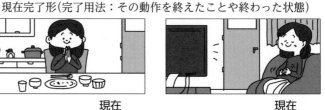

現在

I have already had dinner.
すでに夕食を食べ終えた

2 完了用法の疑問文・否定文

→ ★(3)(4)

完了用法の疑問文や否定文では,**文末に yet** を使うことが多い。疑問文では「(もうすでに)～しましたか」を,否定文では「(まだ)～していません」という意味を表す。

疑問文 Have you finished lunch yet?

Have が主語の前　　　　　　　　yet「もう」は文末

あなたはもう昼食を終えましたか。

— Yes, I have. / No, I have not.

have を使って答える　　短縮形は haven't

— はい,終えました。/ いいえ,終えていません。

否定文 I have not finished lunch yet.

not ～ yet「まだ～していない」

私はまだ昼食を終えていません。

┌─ 現在完了形と共によく使われる語句 ─┐

継続用法
for ～「～の間」, since ～「～から」
完了用法
just「ちょうど」, already「すでに,もう」, yet「(疑問文で)もう」, not ～ yet「まだ～していない」
経験用法
once「1度」, twice「2度」, three times「3度」(3度以上は ～ times という)
ever「(疑問文で)これまでに」, never「1度も～ない」

54

現在完了形（経験用法）

教 p.108〜p.117

3 経験用法

→★(5)〜(7)

現在完了形〈have[has] ＋動詞の過去分詞〉は「〜したことがあります」という意味にもなり，現在までに経験していることを表す。

肯定文 Amy has visited Nara twice.
主語が3人称単数⇒ has　　回数を表す語句

エイミーは2度，奈良を訪れたことがあります。

疑問文 Has Amy ever visited Nara?
経験用法の疑問文では ever「これまでに」をよく使う

エイミーは今までに奈良を訪れたことがありますか。

— Yes, she has. / No, she has not.
短縮形は hasn't

— はい，あります。／いいえ，ありません。

否定文 Amy has never visited Nara.
経験用法の否定文では，ふつう never「1度も〜ない」を使う

エイミーは1度も奈良を訪れたことはありません。

• have been to 〜 •

have been to 〜「〜へ行ったことがある」
I have been to China once.
「私は1度，中国へ行ったことがあります。」

助動詞 should, might, used to 〜

教 p.114〜p.118

4 「〜すべきだ」，「〜かもしれない」，「以前は〜であった」

→★(8)〜(10)

should「〜すべきだ」（義務），might「〜かもしれない」（可能性），used to 〜「以前は〜であった」（以前の事実）は，いずれも時制や人称変化をせず後ろには動詞の原形がくる。

We should obey our rules.
〈should＋動詞の原形〉「〜すべきだ」：must よりも弱い義務

私たちは規則を守るべきです。

They might be in that cafe.
〈might＋動詞の原形〉「〜かもしれない」：可能性

彼らはあのカフェにいるかもしれません。

He used to live in Hawaii.
〈used to＋動詞の原形〉「以前は〜であった」：以前の事実

彼は以前ハワイに住んでいました。

☆チェック！ （　）内から適する語を選びなさい。

1
- [ ] (1) I have (just / still) cleaned the room.　私はちょうど部屋のそうじをしたところです。
- [ ] (2) He has (already / yet) done the work.　彼はすでにその仕事をしました。

2
- [ ] (3) Have you sent an e-mail (yet / still)?　あなたはもうEメールを送りましたか。
- [ ] (4) Paul hasn't left home (already / yet).　ポールはまだ家を出発していません。

3
- [ ] (5) I've visited India (once / one).　私は1度，インドを訪れたことがあります。
- [ ] (6) Have you (ever / never) seen the movie?　あなたは今までにその映画を見たことがありますか。
- [ ] (7) I have (no / never) used a computer.　私は1度もコンピューターを使ったことがありません。

4
- [ ] (8) We (might / should) keep the river clean.　私たちは川をきれいに保つべきです。
- [ ] (9) The story (might / should) be true.　その話は本当かもしれません。
- [ ] (10) He (uses / used) to live in Sydney.　彼は以前シドニーに住んでいました。

☆チェック！ の答えは次ページ ⇒

テスト対策問題

リスニング

♪ a22

1 英文と質問を聞いて，その答えとして適するものを１つ選び，記号で答えなさい。

(1) ア Yes, she has.　　イ No, she hasn't.　　ウ Yes, she did.　　（　　　）

(2) ア Because he doesn't like fishing.

イ Because he has been sick since yesterday.

ウ Because he hasn't done his homework yet.　　（　　　）

2 (1)〜(6)は単語の意味を書きなさい。(7)〜(10)は日本語を英語にしなさい。

(1) explain　（　　　　　）　(2) begin　（　　　　　）

(3) continue　（　　　　　）　(4) laugh　（　　　　　）

(5) quality　（　　　　　）　(6) product　（　　　　　）

(7) 会話　＿＿＿＿＿＿　(8) 貧乏な　＿＿＿＿＿＿

(9) 難しさ　＿＿＿＿＿＿　(10) 作法, 行儀　＿＿＿＿＿＿

2 重要単語

(8)⇔ rich

3 次の日本文にあうように，＿＿に適する語を書きなさい。

(1) ちょっといいですか。　Do you ＿＿＿＿＿ a ＿＿＿＿＿?

(2) あなたは運がいいですね。　＿＿＿＿＿＿ you.

(3) 日本へようこそ。　＿＿＿＿＿ ＿＿＿＿＿ Japan.

(4) 私はイヌが怖いです。　I'm ＿＿＿＿＿＿ dogs.

(5) 音をたてないで。　Don't ＿＿＿＿＿ ＿＿＿＿＿.

(6) 彼は来ると約束しました。　He ＿＿＿＿＿＿ come.

3 重要表現

(4)〈be 動詞＋形容詞＋前置詞〉

(6)動詞＋名詞用法の to 不定詞

4 次の文を（ ）内の語を加えて，現在完了形の文に書きかえなさい。

(1) We arrived at the city hall.　(just)

＿＿＿＿＿＿＿＿＿＿＿＿＿＿＿＿＿＿＿＿＿＿＿

(2) She washed the dishes.　(already)

＿＿＿＿＿＿＿＿＿＿＿＿＿＿＿＿＿＿＿＿＿＿＿

4 「〜したところです」，「(もうすでに)〜しました」

ポイント

完了用法の肯定文
just「ちょうど」
already「すでに」
は have[has] と過去分詞の間に置く。

5 次の文を（ ）内の指示にしたがって書きかえるとき，＿＿に適する語を書きなさい。

(1) He has already heard the news.　（疑問文とYesで答える文に）

＿＿＿＿＿ he ＿＿＿＿＿ the news ＿＿＿＿＿?

— Yes, he ＿＿＿＿＿.

(2) I have already washed my hands.　（否定文に）

I ＿＿＿＿＿ ＿＿＿＿＿ washed my hands ＿＿＿＿＿.

5 「(もうすでに)〜しましたか」，「(まだ)〜していません」

ミス注意！

yet「もう」（疑問文），「まだ」（否定文）はふつう文末に置く。

p.55 答 ▶ (1) just　(2) already　(3) yet　(4) yet　(5) once　(6) ever　(7) never　(8) should　(9) might　(10) used

6 花とマークは落語ショーについて話をしています。次の対話文を読んで，あとの問いに答えなさい。

> *Hana:* ① I'm looking for [to / with / someone / go]. Why don't you come with me?
>
> *Mark:* ② I'd love to. I've ③ (be) interested in *rakugo* for a long time.

ミス注意! (1) 下線部①が「私はいっしょに行く人を探しています。」という意味になるように，〔 〕内の語を並べかえなさい。

I'm looking for _____.

(2) 下線部②の to の後ろに省略されている語句を下から選び，記号で答えなさい。

ア look for you　　イ go with you　　ウ talk to you

(　　)

(3) ③の( )内の語を適切な形になおしなさい。　_____

よく出る 7 〔 〕内の語句を並べかえて，日本文にあう英文を書きなさい。

(1) 私は2度，その山に登ったことがあります。

〔 have / twice / climbed / I / the mountain 〕.

_____

(2) あなたはこれまでに中国へ旅行したことはありますか。

〔 you / traveled / China / ever / have / to 〕?

_____

(3) 彼女は1度もこのドレスを着たことがありません。

〔 this dress / has / she / worn / never 〕.

_____

8 次の日本文にあうように，____に適する語を書きなさい。

よく出る (1) 私たちはお年寄りに親切にすべきです。

We _____ _____ kind to old people.

(2) それは悪くありませんが，彼の考えのほうがいいかもしれません。

That's not bad, but his idea _____ be better.

(3) 彼は以前ニュージーランドに住んでいました。

He _____ _____ live in New Zealand.

9 次の日本文を英語になおしなさい。

(1) 彼らはちょうど映画を見終えたところです。

_____

(2) 私は1度，北海道に行ったことがあります。

_____

---

6 本文の理解

(1) to 不定詞の形容詞用法。with の位置に注意。

(2)「喜んで（〜したい）」

(3)継続用法の文。

7 「〜したことがあります」

ポイント

経験用法で使う語句
・once「1度」，twice「2度」などは文末
・ever「これまでに」は疑問文で，主語と過去分詞の間
・否定語の never「一度も〜ない」は have[has]と過去分詞の間

8 「〜すべきだ」，「〜かもしれない」，「以前は〜であった」

ポイント

(1)〈should＋動詞の原形〉「〜すべきだ」
(2)〈might＋動詞の原形〉「〜かもしれない」
(3)〈used to＋動詞の原形〉「以前は〜であった」

9 英作文
(1)「ちょうど」を意味する語は have と過去分詞の間。
(2)「1度」は once。

テストに出る! 予想問題

Lesson 7 ～ Project 3
Rakugo Goes Overseas ～ ディスカッションをしよう

🕐 30分

/100点

1 対話を聞いて，内容にあうものを選び，記号で答えなさい。　♪ a23　〔5点〕

ア	イ	ウ	エ
✓は完了したこと。	✓は完了したこと。	✓は完了したこと。	✓は完了したこと。
☑皿洗い	☐皿洗い	☑皿洗い	☑皿洗い
☑洗濯	☑洗濯	☑洗濯	☐洗濯
☐パン作り	☐パン作り	☐パン作り	☑パン作り
☑部屋のそうじ	☑部屋のそうじ	☐部屋のそうじ	☐部屋のそうじ

(　　　)

2 次の日本文にあうように，＿＿に適する語を書きなさい。　3点×5〔15点〕

(1) お時間をありがとうございます。— どういたしまして。

　　Thank you ＿＿＿＿＿＿ your time. — My ＿＿＿＿＿＿.

(2) 私たちは両方とも野球部に所属しています。

　　＿＿＿＿＿＿ ＿＿＿＿＿＿ us belong to the baseball team.

(3) そばとうどんの違いは何ですか。

　　What's the ＿＿＿＿＿＿ ＿＿＿＿＿＿ *soba* ＿＿＿＿＿＿ *udon*?

(4) 彼らには共通点がたくさんあります。

　　They have a lot of things ＿＿＿＿＿＿ ＿＿＿＿＿＿.

(5) パーティーに来てはどうですか。

　　＿＿＿＿＿＿ ＿＿＿＿＿＿ you come to the party?

3 次の文を(　)内の指示にしたがって書きかえなさい。　4点×3〔12点〕

(1) I saw the movie.　(「3度見たことがある」という意味の現在完了形の文に)

　　＿＿＿＿＿＿＿＿＿＿＿＿＿＿＿＿＿＿＿＿＿＿＿＿＿＿＿＿＿＿

(2) The train has already left.　(疑問文にして No で答える文に)

　　＿＿＿＿＿＿＿＿＿＿＿ — ＿＿＿＿＿＿＿＿＿＿＿

(3) I have visited the museum twice.　(「1度も～ない」という意味の現在完了形の文に)

　　＿＿＿＿＿＿＿＿＿＿＿＿＿＿＿＿＿＿＿＿＿＿＿＿＿＿＿＿＿＿

4 次の対話が成り立つように，(　)に適する文を下から選び，記号で答えなさい。

4点×2〔8点〕

Mami:　We're going to make a speech in English class. (　①　)

Bob:　How about Midori City? It's an old and famous city.

Ken:　That's not bad. (　②　) It is important to learn more about our town.

　　ア　I have an idea.　イ　But our town might be better.　ウ　I used to live there.

　　エ　I think so, too.　オ　What should we talk about?

①(　　　) ②(　　　)

5 次の対話文(*I:* interviewer *K:* Kimie-san)を読んで，あとの問いに答えなさい。〔30点〕

I: I'd like to ask you ①<u>a few</u> questions. Why did you start ②(perform) *rakugo* in English?

K: When I lived in the United States, many people said, "I've never ③(hear) a Japanese joke. Could you tell me ④<u>one</u>?" They didn't think the Japanese had a sense of humor.

I: Really?

K: Yeah. So I wanted to share Japanese humor with ⑤〔 all / the world / people / over 〕.

I: ⑥<u>(   )(   ) have you been a performer?</u>

K: For about twenty-five years. ⑦<u>I've (   )(   ) many countries to give *rakugo* shows.</u> These tours have been very exciting.

---

(1) 下線部①と最も近い意味の語を下から選び，記号で答えなさい。　〈3点〉

　　ア　only　　イ　single　　ウ　several　　　　　　　　　　　（　　　）

(2) ②，③の（　）内の語を適する形(1語)になおしなさい。　3点×2〈6点〉

　　　　　　　　　　　　　　　②＿＿＿＿＿＿＿　③＿＿＿＿＿＿＿

(3) 下線部④が指すものを，本文中の英語3語で書きなさい。　〈4点〉

　　　　　　　　　　＿＿＿＿＿＿　＿＿＿＿＿＿　＿＿＿＿＿＿

(4) 下線部⑤が「世界中の人々」という意味になるように，〔　〕内の語句を並べかえなさい。〈6点〉

　　＿＿＿＿＿＿＿＿＿＿＿＿＿＿＿＿＿＿＿＿＿＿＿＿＿＿＿

(5) ⑥の（　）に入る適切な語を書きなさい。　＿＿＿＿＿＿＿　＿＿＿＿＿＿＿〈6点〉

(6) 下線部⑦が「私は落語会を開くために多くの国に行ったことがあります。」という意味になるように，（　）に入る適切な2語を書きなさい。　〈5点〉

　　　　　　　　　　　　　　　＿＿＿＿＿＿　＿＿＿＿＿＿

6 〔　〕内の語句を並べかえて，日本文にあう英文を書きなさい。ただし，（　）内の指示にしたがうこと。　7点×2〔14点〕

(1) 絵美(Emi)と彼女の家族は何度も長野へ行ったことがあります。　（1語補う）

　　〔 Nagano / Emi / many times / her family / to / have / and 〕.

　　＿＿＿＿＿＿＿＿＿＿＿＿＿＿＿＿＿＿＿＿＿＿＿＿＿＿＿

(2) 私はまだ彼にEメールを送っていません。　（下線部を適切な形にかえて）

　　〔 yet / to / not / <u>send</u> / him / an e-mail / I / have 〕.

7 次の日本文を英語になおしなさい。　8点×2〔16点〕

(1) 彼はすでに宿題をしました。　＿＿＿＿＿＿＿＿＿＿＿＿＿＿＿

(2) あなたは今までに，そのゲームをしたことがありますか。— はい，あります。

　　＿＿＿＿＿＿＿＿＿＿＿＿＿＿＿＿＿＿＿＿＿＿＿＿＿＿＿
　— ＿＿＿＿＿＿＿＿＿＿＿＿＿＿＿＿＿＿＿＿＿＿＿＿＿

Reading for Fun 2

The Little Prince

テストに出る！ ココ が 要点 & チェック！

so 〜 that ... / How 〜! / 名詞を否定する表現

教 p.122〜p.125

1 so 〜 that ... 「とても〜なので…です」

→ ★(1)(2)

「とても〜なので…です」というときは so 〜 that ... で表す。that の後ろには〈主語＋動詞〉の形が続く。また，接続詞の because の文との構造の違いに注意。

I'm so busy that I can't watch TV.　　私はとても忙しいので，テレビを見ることができません。

- so の後ろ：形容詞(理由)
- 「とても〜なので…です」
- that のあと：〈主語＋動詞〉

I can't watch TV because I'm so busy. 私はとても忙しいので，テレビを見ることができません。

- because は後ろに理由が続く

2 How 〜!「なんと〜！」

→ ★(3)

「なんと〜！」と非常に驚いた感情を表すときは〈How＋形容詞[副詞]!〉を使う。具体的に「何が」という場合は，〈主語＋動詞〉を続けることもできる。

The cat is very cute.　　　　　　　　　そのネコはとてもかわいい。

- 形容詞や副詞はふつう very で強調する

How cute (the cat is)!　　　　　　　（そのネコは）なんとかわいいのでしょう！

- 〈How＋形容詞[副詞]!〉
- 〈主語＋動詞〉

3 名詞を否定する表現

→ ★(4)〜(6)

〈no＋名詞〉で「1つの〜もない」という意味を表し，〈not any＋名詞〉と同じ意味になる。また，nothing「何も〜ない(＝not anything)」は代名詞自体が否定表現となる。

There are no trees in the park. ＝ There aren't any trees in the park.

- 〈no＋名詞〉「1つの〜もない」 ＝〈not any＋名詞〉
- 公園には1本の木もありません。

I have nothing to do today.　＝ I don't have anything to do today.

- nothing「何も〜ない」 ＝ not anything
- 私は今日することが何もありません。

☆チェック！　（　）内から適する語句を選びなさい。

1
- □ (1) I'm (not / so) tired that I can't walk.　　私はとても疲れているので，歩けません。
- □ (2) He was so hungry that (he ate / to eat) a lot.

　　　　　　　　　　　　　　　　　　　　　　　彼はとても空腹だったので，たくさん食べました。

2
- □ (3) (How / Why) difficult!　　　　　　　　なんと難しいのだろう！

3
- □ (4) I have (no / not) pets.　　　　　　　　私は1匹もペットを飼っていません。
- □ (5) There aren't (any / some) chairs here.　ここにはいすが1つもありません。
- □ (6) She said (anything / nothing).　　　　　彼女は何も言いませんでした。

☆チェック！ の答えは次ページ

テスト対策問題

🎵 リスニング

♪ a24

1 絵にあう英文を，放送されるア〜ウの中から１つ選び，記号で答えなさい。

(1) 　Kenta

(　　)

(2)

(　　)

2 (1)〜(6)は単語の意味を書きなさい。(7)〜(10)は日本語を英語にしなさい。

(1) add　　(　　　　　　)　　(2) notice　　(　　　　　　)

(3) simply　(　　　　　　)　　(4) somebody (　　　　　　)

(5) desert　(　　　　　　)　　(6) quick　　(　　　　　　)

(7) 命じる　＿＿＿＿＿＿＿　　(8) 地球　　＿＿＿＿＿＿＿

(9) ひとりで　＿＿＿＿＿＿　　(10) 惑星　　＿＿＿＿＿＿＿

2 重要単語
(3) simple（形容詞）
(4) everybody「だれでも」
(6) quickly（副詞）

3 次の日本文にあうように，＿＿に適する語を書きなさい。

(1) それで十分ですよね。— そのとおりです。

That's ＿＿＿＿＿＿＿, isn't it? — ＿＿＿＿＿＿＿.

(2) 私は姉と外出しました。

I ＿＿＿＿＿＿＿ ＿＿＿＿＿＿＿ with my sister.

(3) 私はフランス語を話せません。— 私も話せませんよ。

I can't speak French. — I can't, ＿＿＿＿＿＿＿.

3 重要表現

ミス注意！
(3)「〜もまた」：肯定文では too を，否定文では either を使う。

4 次の英文を(　)内の指示にしたがって書きかえなさい。

(1) I don't have anything to tell you. （nothing を使って）

＿＿＿＿＿＿＿＿＿＿＿＿＿＿＿＿＿＿＿＿＿＿

(2) She is beautiful.（「彼女はなんと美しいのでしょう！」という文に）

＿＿＿＿＿＿＿＿＿＿＿＿＿＿＿＿＿＿＿＿＿＿

4 「なんと〜！」，「何も〜ない」

ポイント
(1) not anything＝nothing「何も〜ない」

5 次の日本文を英語になおしなさい。

(1) 彼はとても忙しいので，あなたを手伝えません。（that を使って）

＿＿＿＿＿＿＿＿＿＿＿＿＿＿＿＿＿＿＿＿＿＿

(2) 棚に１冊も本がありません。　（no を使って）

＿＿＿＿＿＿＿＿＿＿＿＿＿＿＿＿＿＿＿＿＿＿

(3) 彼女には今日何の計画もありません。　（any を使って）

＿＿＿＿＿＿＿＿＿＿＿＿＿＿＿＿＿＿＿＿＿＿

5 英作文

ポイント
(1) so 〜 that ...「とても〜なので…だ」
that の後ろは〈主語＋動詞〉の語順になる。

テストに出る！
予想問題

Reading for Fun 2
The Little Prince

🕐 30分

/100点

1 対話と質問を聞いて，その答えとして適するものを１つ選び，記号で答えなさい。　♪ a25

5点×2〔10点〕

(1)　ア　Yes, he is.　　　　　　　イ　No, he isn't.

ウ　No, he doesn't.　　　　　　　　　　　　　（　　　）

(2)　ア　The question is too easy for them.

イ　It's possible for Bob to answer the question.

ウ　The question is too difficult for them.　　　　（　　　）

2 次の日本文にあうように，＿＿に適する語を書きなさい。　　3点×6〔18点〕

(1)　彼らはニュージーランドに旅行に行きました。

They ＿＿＿＿＿＿＿ ＿＿＿＿＿＿＿ a ＿＿＿＿＿＿＿ to New Zealand.

(2)　合計でいくらですか。

How much is it ＿＿＿＿＿＿＿ ＿＿＿＿＿＿＿?

(3)　私の許可なしにこの部屋を使ってはいけません。

Don't use this room ＿＿＿＿＿＿＿ my ＿＿＿＿＿＿＿ .

(4)　あの自転車は私のものです。

That bicycle ＿＿＿＿＿＿＿ ＿＿＿＿＿＿＿ me.

(5)　あなたはどんなスポーツが好きですか。

＿＿＿＿＿＿＿ ＿＿＿＿＿＿＿ do you like?

(6)　7 足す 3 は 10 になります。

Seven ＿＿＿＿＿＿＿ three ＿＿＿＿＿＿＿ ten.

3 〔　〕内の語句を並べかえて，日本文にあう英文を書きなさい。　5点×4〔20点〕

(1)　向こうにあるラケットはすべて彼女のものです。

〔 all / the rackets / are / there / hers / over 〕.

＿＿＿＿＿＿＿＿＿＿＿＿＿＿＿＿＿＿＿＿＿＿＿＿＿＿＿＿＿＿＿＿

(2)　私は次の試合に参加するために，よくバレーボールを練習します。

I often 〔 to / in / volleyball / participate / the next game / practice 〕.

I often ＿＿＿＿＿＿＿＿＿＿＿＿＿＿＿＿＿＿＿＿＿＿＿＿＿＿＿＿＿.

(3)　その女の子たちはそのとき絵をかいていました。

〔 that / pictures / at / drawing / those girls / time / were 〕.

＿＿＿＿＿＿＿＿＿＿＿＿＿＿＿＿＿＿＿＿＿＿＿＿＿＿＿＿＿＿＿＿

(4)　私の兄はこの本を読みたいと思っています。

〔 this / wants / read / my brother / book / to 〕.

＿＿＿＿＿＿＿＿＿＿＿＿＿＿＿＿＿＿＿＿＿＿＿＿＿＿＿＿＿＿＿＿

4 次の英文を読んで，あとの問いに答えなさい。　　〔16点〕

He said, "Geographers describe the seas, rivers, mountains, and deserts of planets."

"(①) interesting!" the Little Prince said. "Does your planet have any seas?"

"I don't know," said the geographer.

"Oh. What (②) rivers?"

"I don't know," said the geographer.

"Or mountains or deserts?"

"I don't know that, (③)," the geographer said.

"But you're a geographer!"

"Exactly," he said, "I'm a geographer, not an explorer. Explorers explore seas, rivers, mountains, and deserts. They come to my office. I ask them questions and write (④) their answers. I never go out. Sadly, ⑤(____) are (____) explorers on my planet, so I can't answer your questions."

(1) ①～④の（　）に適する語を下から選び，記号で答えなさい。　　3点×4〈12点〉

① ア Why　　イ What　　ウ How　　　　　　（　　　）

② ア about　　イ on　　ウ with　　　　　　（　　　）

③ ア also　　イ either　　ウ too　　　　　　（　　　）

④ ア down　　イ for　　ウ to　　　　　　（　　　）

(2) 下線部⑤が「私の惑星には探検家が１人もいません」という意味になるように，（　）に適する語を書きなさい。　　〈4点〉

_____ , _____

5 次の文を（　）内の指示にしたがって書きかえなさい。　　5点×3〔15点〕

(1) Mika studies hard to be a scientist. （下線部をたずねる文に）

_____

(2) We will go to the lake. （「もしあした晴れれば」という意味の語句を文末に加えて）

_____

(3) Tom has already cleaned his room. （否定文に）

_____

6 次の日本文を英語になおしなさい。　　7点×3〔21点〕

(1) 私はとても空腹だったので，ハンバーガーを３個食べました。　（that を使って）

_____

(2) 彼は飲むものを何も持っていませんでした。　（anything を使って）

_____

(3) ここへ来てはいけません。　（３語）

_____

巻末特集　動詞の形の変化をおさえましょう。

※赤字は特に注意しましょう。[　]は発音記号です。

★A・B・C型

原形	現在形	過去形	過去分詞	意味
be	am, is / are	was / were	been [bíːn]	～である
begin	begin(s)	began	begun	始める
do	do, does	did	done	する
drink	drink(s)	drank	drunk	飲む
eat	eat(s)	ate	eaten	食べる
give	give(s)	gave	given	与える
go	go(es)	went	gone	行く
know	know(s)	knew	known	知っている
see	see(s)	saw	seen	見る
sing	sing(s)	sang	sung	歌う
speak	speak(s)	spoke	spoken	話す
swim	swim(s)	swam	swum	泳ぐ
take	take(s)	took	taken	持って行く
write	write(s)	wrote	written	書く

★A・B・B型

原形	現在形	過去形	過去分詞	意味
bring	bring(s)	brought	brought	持ってくる
build	build(s)	built	built	建てる
buy	buy(s)	bought	bought	買う
feel	feel(s)	felt	felt	感じる
find	find(s)	found	found	見つける
get	get(s)	got	got, gotten	手に入れる
have	have, has	had	had	持っている
hear	hear(s)	heard	heard	聞く
keep	keep(s)	kept	kept	保つ
make	make(s)	made	made	作る
say	say(s)	said [sed]	said	言う
stand	stand(s)	stood	stood	立つ
teach	teach(es)	taught	taught	教える
think	think(s)	thought	thought	考える

★A・B・A型

原形	現在形	過去形	過去分詞	意味
become	become(s)	became	become	～になる
come	come(s)	came	come	来る
run	run(s)	ran	run	走る

★A・A・A型

原形	現在形	過去形	過去分詞	意味
hurt	hurt(s)	hurt	hurt	傷つける
read	read(s)	read [red]	read [red]	読む
set	set(s)	set	set	置く

中間・期末の攻略本
解答と解説

取りはずして
使えます!

三省堂版 ニュークラウン 英語2年

Starter

p.3 テスト対策問題

1 (1)イ (2)ウ

2 (1)起源，はじまり (2)探偵
(3)職業，仕事 (4)利口な，頭のいい
(5)奇妙な，不思議な
(6)いたずら好きな (7)anyone (8)middle
(9)sick (10)investigate

3 (1)In fact (2)comes from (3)man with

4 (1)He wrote this letter to the author.
(2)My sister can run very fast.

5 (1)We went to Tokyo yesterday.
[Yesterday, we went to Tokyo.]
(2)Can you play the piano?

解説

1 (1)can でたずねられたら，can で答える。
♪ *A:* I like this dancer.
B: Me, too. Can you dance well?
訳 A：私はこのダンサーが好きです。
B：ぼくもです。あなたは上手に踊ることが
できますか。
(2)週末に何をしたのかをたずねられている。過
去にしたことを答えるので，過去形のウ「私は
家族と博物館を訪れました。」が適切。アは「私
はときどき写真を撮ります。」，イは「私も動物
が好きです。」という意味。
♪ *A:* What did you do last weekend?
B: I went to the zoo and saw many
animals there. How about you?
訳 A：先週末，あなたは何をしましたか。
B：ぼくは動物園に行って，そこでたくさん
の動物を見ました。あなたはどうですか。

2 (3)job「職業，仕事」は数えられる名詞だが，

work「仕事」は数えられない（ただし，「作品」
の意味では数えられる名詞になる）。
(9)「病気で寝ている」は be sick in bed。

3 (1)fact は「事実」という意味。
(2)「～から生じる」＝come from ～
(3) ✍ミス注意! a man「男性」を with black hair
「黒い髪の[を持っている]」が後ろから修飾す
る形にする。

4 (1)過去の文。write「書く」は不規則動詞で，
過去形は wrote。to ～は「～に」という意味。
(2) ✍ミス注意! can を使った「～できます」の文。

5 (1)過去の文。「～に行く」は go to ～。go「行
く」は不規則動詞で，過去形は went。
(2)「～できますか」は can の疑問文で表す。

ポイント
「…は～できますか。」は〈Can＋主語＋動詞
の原形 ～?〉の語順。答えるときは can また
は cannot[can't]を使う。

p.4 ～ p.5 予想問題

1 エ

2 (1)lives with (2)many, to
(3)popular series (4)didn't get into

3 (1)played (2)baked (3)bought
(4)had (5)studied

4 (1)We went to our uncle's house last year.
(2)Did she eat sushi?, she did not[didn't]
(3)Can he make curry?, he can
(4)I saw two men in the park.

5 (1)wrote
(2)the *Sherlock Holmes* stories
(3)comes from

6 (1)She washed all the dishes.
(2)Who is the main character of the story?
(3)Can you come to my house

1

(4)**The author is famous around the world.**

7 (1)**I did my[the] math homework yesterday.[Yesterday, I did my[the] math homework.]**

(2)**She cannot[can't] watch TV today. [Today, she cannot[can't] watch TV.]**

(3)**He got a letter from Maria this morning.[This morning, he got a letter from Maria.]**

(4)**Nana has a dog with long hair.**

解説

1 誕生日プレゼントは，父→腕時計，母→手作りケーキ，妹→似顔絵である。

♪ *A:* How was your birthday, Meg?

B: I had a good time. My father bought a new watch for me and my mother made a cake. And my little sister drew a picture of me. I really enjoyed it.

A: That's nice.

Q: What did Meg get from her father?

訳 A：誕生日はどうでしたか，メグ。

B：すばらしかったです。父は私に新しい腕時計を買ってくれて，母はケーキを作ってくれました。妹は私の絵をかいてくれました。私は本当にそれを楽しみました。

A：それはいいですね。

質問：メグは彼女のお父さんから何をもらいましたか。

2 (1)「～と(いっしょに)」は前置詞の with を使う。主語が 3 人称単数なので動詞を lives とすることにも注意。

(4)過去の否定文(一般動詞)は〈**did not[didn't] ＋動詞の原形**〉の形。「やっかいな事態に巻き込まれる」は get into trouble。

3 (3)不規則動詞。buy の過去形は bought。

(4)不規則動詞。have の過去形は had。

4 (1)過去形にする。go の過去形は went。

(2)ate は eat の過去形。一般動詞の過去の疑問文は〈**Did＋主語＋動詞の原形 ～?**〉の形。応答文は did を使って答える。

(3)can の疑問文なので，can を主語の前に置く。応答文は can を使って答える。

(4) ミス注意！ man「男性」の複数形は men。

5 (1)write は不規則動詞。

(2)前の文を参照。

(3) ミス注意！ 主語が 3 人称単数なので，comes にすることに注意。

6 (1)〈**all the＋名詞**〉という語順に注意。

(2)of は「～の」という意味の前置詞。**A of B** で「B の A」という意味。

(3)can の疑問文で表す。

(4)「世界中で」は around the world。

7 (1)「宿題をする」は do one's homework。過去の文なので did にする。

(2)can の否定形 cannot[can't]を使う。

(3)get「受け取る」は不規則動詞で,過去形は got。

(4)「長い毛の」は with long hair で表す。

Lesson 1

p.8～p.9 テスト対策問題

1 ア

2 (1)見つける,見いだす (2)つかまえる,捕る

(3)外へ[で] (4)役に立つ，便利な

(5)近ごろ,最近 (6)もっと(多く) (7)**happen**

(8)**wonder** (9)**hope** (10)**important**

3 (1)**straight to** (2)**for the first time**

(3)**Once upon a time** (4)**rushed away**

(5)**did well**

4 (1)**When I got to school, Rie was studying.**

(2)**Please help me if you are not tired.**

5 (1)**At last** (2)**because he was too tired**

(3)**made**

6 (1)私は，この本はおもしろいと思います。

(2)美香はあした，数学か理科を勉強するつもりです。

7 (1)**May[Can] I, Sure**

(2)**May[Can] I, afraid[sorry]**

8 (1)**If you like soccer, let's play it together.[Let's play soccer together if you like it.]**

(2)**Do you know (that) I am[I'm] from the U.S.A.?**

(3)**He is sleepy because he went to bed late yesterday.[Because he went to bed late yesterday, he is sleepy.]**

(4)**I ran to the phone, but I missed it.**

解説

1 if の前後を聞き取ることがポイント。

♪ *A*: What will you do next Sunday?

  B: I'll go to the zoo if it's sunny.

訳 A：あなたは次の日曜日に何をするつもりですか。

  B：もし晴れたら，ぼくは動物園へ行くつもりです。

2 (1)(2) find の過去形 found，catch の過去形 caught もセットで覚えよう。

3 (5)「うまく，上手に，十分に」＝well

4 <ミス注意! (1)「～(する)とき」は **when** ～ で表す。語群にコンマ(,)があるので，**when** ～を文の前半に置く。「～に着く」は get to ～。

(2)「もし～ならば」は **if** ～で表す。語群にコンマ(,)がないので，**if** ～を文の後半に置く。

5 (1)「ついに」は at last。

(2)**because** ～「～なので」を使って表す。「あまりに(も)(～すぎる)」は too で表す。

(3) <ミス注意! make の過去形は made。

6 (1)〈that＋主語＋動詞 ～〉「～ということ」を使った文。

(2)～ **or** ...「～または…」を使った文。or は前後の名詞 math と science をつないでいる。

7「～してもいいですか。」は **May[Can] I** ～ **?** で表す。答えるときは Sure.「もちろん。」，Sorry, ～「ごめんなさい，～」，I'm afraid (that) ～「残念ですが[すみませんが]～」などを使う。

8 (1)**if** ～「もし～ならば」，**Let's** ～「～しましょう」を使って表す。

(2)「あなたは～だと知っていますか」は Do you know のあとに **that** ～を置いて表す。that を接続詞として使い，「私はアメリカ合衆国出身です」を I am[I'm] from the U.S.A. として続ける。

(3)**because** ～「～なので」を使って表す。

(4)～ **but** ...「～しかし…」を使って前の文と後ろの文をつなぐ。miss「(電話を)取りそこなう」

★ポイント★

・when ～, if ～, because ～が文の前半にくるときはコンマが必要！

---

p.10 ～ p.11 予想問題

1 イ

2 (1)**One day** (2)**one, the other**

(3)**looking for** (4)**At last** (5)**Never**

3 (1)ウ (2)エ (3)イ

4 (1)**Mika will be happy if she sees this picture.**

(2)**Do you know Bob is a dancer?**

(3)**May[Can] I have a menu?**

5 (1)**when I was a child**

(2)**If, another**

(3)ア

6 (1)**May I put my chair**

(2)**Kate went to the sea, but she didn't swim.**

(3)**My classmates will practice tennis if it's clear.**

(4)**I think that Ken will be fine**

7 (1)**When I was ten, I watched[saw] this movie.[I watched[saw] this movie when I was ten.]**

(2)**Which do you want, rice or bread?**

(3)**When Paul got home, his mother was cooking.[Paul's mother was cooking when he got home.]**

(4)**If you are[you're] sleepy, go to bed. [Go to bed if you are[you're] sleepy.]**

解説

1 because の前後を聞き取ることがポイント。

♪ *A*: Did you see that website yesterday?

  B: No. I couldn't, because my brother was using the computer.

訳 A：あなたはきのうあのウェブサイトを見ましたか。

  B：いいえ。私の兄[弟]がコンピューターを使っていたので，私はできませんでした。

2 (2)「1つは～，もう1つは…」は one ～, the other ... で表す。

(5)never は「決して～ない，まだ一度も～ない」と強い否定を表す。

3 (1)「私は学生だったとき，バスケットボールをしていました」

(2) <ミス注意!「私の父はイヌかネコをほしがっ

3

ていました」or は前後の名詞 a dog と a cat を
つないでいる。

(3)「あなたは，あなたのお姉さん[妹さん]はや
さしいと思いますか」

4 (1)「もし彼女がこの写真を見たら」を，**if ～**
を使って表す。

(2)「あなたは～だと知っていますか」は Do
you know のあとに **that ～** を続ける。ここで
は接続詞 that は省略した形にする。

(3)「～ をいただけますか。」は May[Can] I
have ～? で表す。

5 (1)**when ～**の形にする。

(2)「もし～ならば」は **if ～** を使って表す。「別
の」は another。

(3)前に出てきた同じ種類のものを「1 つ」とい
うときは one を使う。

6 (1)**May I ～?**「～してもいいですか。」の文
にする。

(2)**～, but ...** の文にする。but は文の前半と後
半をつないでいる。

(3) 🖊️ミス注意! **if ～**「もし～ならば」の文にする。
コンマ(,)がないので，**if ～** を文の後半に置く
とわかる。

(4)〈**that＋主語＋will＋動詞の原形 ～**〉「～だ
ろうということ」の文にする。

7 (1)(3)は **when ～**，(2)は**～ or ...**，(4)は **if ～**
を使って表す。

Lesson 2

p.14 ～ p.15 テスト対策問題

1 (1)イ (2)ウ
2 (1)集める，収集する (2)～になる
(3)忘れる (4)売る，売っている
(5)可能な，実行できる
(6)もっとよい，もっと上手な
(7)grow (8)reason (9)health (10)idea
3 (1)right (2)something new
(3)such as (4)Over (5)without
4 (1)to wash (2)wants, be[become]
(3)to draw[paint]
5 (1)I want to grow better (2)ウ (3)ア
(4)to learn

6 (1)**to do** (2)**To take**
7 (1)**I want something to**
(2)**This is my way to study.**
8 It's, for, to
9 (1)**We came here to visit a[the]**
famous temple.
(2)**Her grandmother started to cook at**
four (o'clock).

📖解説

1 (1)「何をしたいか」という質問なので，イ「私
は本を読みたいです。」が適切。アは「私は図
書館に行きました。」，ウは「はい，そうです。」
という意味。

🎵*Q:* What do you want to do after school
today?

訳 質問：あなたは今日の放課後，何をしたいで
すか。

(2)why「なぜ」という質問なので，ウ「私のイ
ヌを散歩させるためです。」が適切。アは「そ
れはよい考えです。」，イは「あなたには同意し
ません。」という意味。

🎵*Q:* Why did you go to the park this
morning?

訳 質問：あなたはなぜ今朝，公園に行ったので
すか。

2 (2)～(4)不規則動詞で過去形はそれぞれ
became, forgot, sold。

(5)possible「可能な」↔ impossible「不可能な」

(7)grow は不規則動詞で過去形は grew。

(9)health「健康」（名詞）と healthy「健康によい」
（形容詞）を混同しないこと。

3 (2) 🖊️ミス注意! something「何か」や anything
「何も（～ない）」を形容詞で修飾するときは
〈**something[anything]＋形容詞**〉の語順にな
る。

(5)「英語の字幕のついた映画」なら a movie
with English subtitles となる。

4 (1)〈**like to＋動詞の原形**〉「～することが好きだ」
(2)主語 Paul(3 人称単数)にあわせて want に s
がつくことに注意。be 動詞の原形は be である。
〈**want to＋動詞の原形**〉「～したい」

(3)「絵をかくこと」は to draw[paint] a picture。
My hobby と to draw[paint] a picture が＝の

関係。

5 (1) ⚠️ミス注意! to と want があることから，I want to 〜.「私は〜したいです。」という文に。

(2)下線部②とウは to 不定詞の副詞用法「〜するために」。アは名詞用法「〜すること」，イは形容詞用法「〜するための」。

(3) as a farmer「農場主として」

(4) to 不定詞の形容詞用法を使う。

6 (1)「〜するために」という動作の目的は to 不定詞の副詞用法で表すことができる。「〜の宿題をする」は do one's homework。

(2) why「なぜ」に対して目的を述べるときは to 不定詞で表せばよい。

7 (1)〈something＋to 不定詞〉で「〜するための何か」という意味。

(2)〈way＋to 不定詞〉で「〜するための方法」。

8 ⚠️ミス注意! It is［It's］〜（for A）to ....「（A が［A にとって］）…することは〜だ。」の文にする。最初の空所の直後に fun があることから，短縮形 It's を使う。

9 (1) to 不定詞の副詞用法を使う。

(2) to cook「料理すること」（名詞用法）が start「始める」の目的語になる。時刻は〈at＋時刻〉。

ポイント
• to 不定詞には「名詞用法」，「副詞用法」，「形容詞用法」の３つの用法がある！

p.16〜p.17 予想問題 ❶

1 イ

2 (1)became, friends (2)coming soon
(3)did her best (4)up, along
(5)wish to, abroad［overseas］
(6)In short

3 (1)イ (2)ウ (3)エ (4)ウ

4 (1)busy (2)to watch
(3)It, impossible, us

5 (1)lives (2)want to grow healthy
(3)drones, sensors (4)Farmers

6 (1)Is it necessary for you to work
(2)I did not have anything to eat.
(3)Can I use the computer to search online?

7 (1)Bob wants to be［become］a soccer player.

(2)Emily's dream is to be［become］a nurse.

解説

1 エミリーがほしがっているものを答える。

🎵 A: Do you want something to eat, Emily?
B: No, thanks. But I want some water.
Q: What does Emily want?

訳 A：あなたは何か食べるものがほしいですか，エミリー。
B：いいえ，ありがとうございます。でも私は水がほしいです。
質問：エミリーは何をほしがっていますか。

2 (1) ⚠️ミス注意!「友達」になるということは複数の人数が必要なので，friends と複数形になる。

(2)起こる可能性の高い未来のことや確定している予定は現在進行形で表すことができる。

(3) ⚠️ミス注意!「全力を尽くす」＝do one's best で，主語が私の妹（My sister）で女性なので，one's の位置には her が入る。

(4)「〜を拾う」は pick up，「〜に沿って」は along。

(5)「〜という願望」は wish to 〜で表せる。

(6)「要約すると」は in short。

3 動詞の原形の前に to を置き，to 不定詞に。

4 (1)「することが多かった」⇒「とても忙しかった」

(2)「テレビを見たかったので早く帰宅した」⇒「テレビを見るために早く帰宅した」

(3)「私たちはその質問に答えられない」⇒「私たちにとってその質問に答えることは不可能だ」，to 不定詞の動作主は〈for＋人〉の形だが，代名詞は目的格（we ⇒ us）になることに注意。

5 (1) ⚠️ミス注意! life「生活」の複数形は lives。

(2)「私はみんなのために健康によい有機栽培の野菜を育てたいのです。」という意味。

(3)次の文に具体例が示されている。それぞれ１語なので drones「（作物監視用の）ドローン」と sensors「（24時間体制でデータを収集する）センサー」が解答になる。

(4) they は前の文にある Farmers「農場主たち」を指す。

6 (1) It is 〜 to .... の疑問文は Is it 〜 to ...?。

(2) something はふつう肯定文で用いる。否定文の「何も〜ない」は not 〜 anything とする。

(3)「〜してもいいですか。」と許可を求めると

きは **Can[May] I ～?** の形を用いる。「インターネットで調べる」は search online。

7 (1)「～になりたいと思っている。」は〈主語＋**want to be ～.**〉で表す。主語が Bob で 3 人称単数なので wants となることに注意。

(2)「～の夢は…になることです。」は **One's dream is to be ....** で表す。

1 ウ

2 (1)near, far　(2)agree with　(3)a day
(4)students' faces　(5)How much, to

3 (1)ウ　(2)イ

4 (1)He used a dictionary to <u>write</u> an English report.
(2)To read comics <u>is</u> fun for me.
(3)His dream is to invent <u>something new</u>.

5 (1)エ　(2)まず，私はほかの人々のために何かをしたいです。
(3)to help sick people　(4)ケンのおじさん
(5)study hard to be a doctor like

6 (1)to bring students together
(2)to learn more about farming
(3)for you to make *tempura*
(4)Why did he go to

7 (1)What time did it start to rain?
(2)I think that an actor is an ideal job [work] for you.
(3)I did my best to pass the exam.

／解説●

1 2 人の人物がなりたい職業を聞きわける。

♪ *Tom:* What do you want to be in the future, Yuka?
Yuka: I want to be a painter. How about you, Tom?
Tom: I want to work as a doctor.

訳 トム：ユカ，君は将来何になりたいですか。
ユカ：私は画家になりたいです。トム，あなたはどうですか。
トム：ぼくは医者として働きたいです。

2 (1)「近くや遠くから」と考える。from far and near となってもよい。
(3)「1 日につき～回」＝～ times a day
(4) ミス注意! 「生徒の顔」であれば student's

face だが，「生徒たち」(students)のように複数形の -(e)s で終わる場合，アポストロフィー(')だけをつける。
(5)値段を問うとき，**具体的な商品**に対しては **How much is it[are they]?** だが，**行為**に対しては **How much is it to ～?** と形式的な主語 it と to 不定詞を使って表す。

3 (1)は**ア**と**イ**が形容詞用法，**ウ**は副詞用法。
(2)は**ア**と**ウ**が名詞用法，**イ**は副詞用法。

4 (1)to 不定詞は〈to＋動詞の原形〉であり，時制の影響を受けない。to write が正しい。
(2) ミス注意! 主語の to 不定詞は 3 人称単数の扱いになるので，be 動詞は is が正しい。
(3)〈something＋形容詞〉の語順が正しい。

5 (1)to be a doctor「医者になること」とする。
(2)First はここでは「まず，第 1 に」，do something for ～は「～のために何かをする」という意味。
(3)It は形式上の主語で後ろの to 不定詞を指す。
(4)him は my(＝Ken's) uncle。
(5) ミス注意! 「私はおじのような医者になるためにいっしょうけんめいに勉強しています」となる。この like「～のような」は前置詞。

6 (1)to 不定詞の形容詞用法。bring together「集める，知り合わせる」
(2)to 不定詞の副詞用法。
(3)**It is[It's] ～ (for A) to ....** の文にする。possible「可能な」
(4)下線部は「映画を見るために」という意味なので，目的を聞く why「なぜ」の文にする。

7 (1)天気は主語に it を使う。
(2)「～と思う。」は **I think (that) ～.**。
(3)「全力を尽くす」は do one's best，「試験に合格する」は pass the exam で表せる。

Lesson 3

1 (1)○　(2)×　(3)○

2 (1)丸い，円形の　(2)優れた，たいへんよい
(3)簡単な，わかりやすい　(4)大きい，広い
(5)十分な　(6)供給する，与える　(7)air
(8)build　(9)material　(10)traffic

3 (1)over there　(2)because of

(3)**Including us** (4)**a lot of**

(5)**come into**

4 (1)**are, guitars** (2)**There were**

(3)**is not**

5 (1)**イ** (2)**Why** (3)**air cools down at**

6 (1)**Is there, there**

(2)**Are, any, there aren't**

7 (1)**dancing** (2)**raining** (3)**talking**

8 (1)**Let's** (2)**must not**

9 (1)**There is a big[large] hospital in**
this town.

(2)**Speaking French is difficult.**

／(解説)

1 (1)under ～ は「～の下に」。

🎵 There is a pencil under the book.

訳 本の下に鉛筆があります。

(2)catch butterflies は「チョウをつかまえる」。

🎵 The boy enjoyed catching butterflies.

訳 少年はチョウをつかまえることを楽しみま
した。

(3)〈must not ～〉は「～してはいけない」を表す。

🎵 You must not speak loudly.

訳 大きな声で話してはいけません。

2 (6)provide A with B は「A に B を供給する」。

3 (2)「～のために」は〈because of＋名詞〉。

4 (1)There is[are] ～. の文の be 動詞は後ろ
の名詞の数にあわせる。

(2) ⚠️ミス注意! be 動詞 are の過去形は were。

(3)空所の数より, 短縮形は使わない。

5 (1)文の前半が There was ～ なので, 付加疑
問文は, wasn't there? になる。

(2)「なぜ」は why。

(3)「暖かく湿った空気が夜に冷えるとき」とい
う文にする。cool (down)は動詞「冷える」。

6 (1)there の文の疑問文は, 〈be 動詞＋there
～?〉の語順になる。応答文も there を使う。

(2) ⚠️ミス注意! 疑問文での「いくつか」はふつう
any を使う。some はふつう肯定文で使う。

7 (3)前置詞の後ろに「～すること」という意味
で, 動詞の変化形を入れる場合は動名詞になる。
to 不定詞の名詞用法は不可。

8 (1)「～しましょう。」は Let's ～. で表す。

(2)「～してはいけない」は〈must not＋動詞の

原形〉で表す。

9 (1)「～がある。」は There is ～. の文で表す。
「大きい」は big または large を使う。

(2)動名詞の Speaking French を主語にする。

・ポイント・

・must は肯定文では「～しなければならない」,
否定文では「～してはいけない」を表す！

p.24 ～ p.25   予想問題 ❶

1 ウ

2 (1)**Thousands of** (2)**provide, with**

(3)**isn't she**

3 (1)**were** (2)**living** (3)**wash** (4)**is**

(5)**running**

4 (1)**There are** (2)**must not**

(3)**listening** (4)**of, weather**

5 (1)**over there** (2)**イ**

(3)**Is there anything to see** (4)**are**

6 (1)**There is a racket by the window.**

(2)**Growing vegetables is a lot of fun.**

(3)**The sign says you must beware**

(4)**How many chairs are there in**

7 (1)**We enjoyed walking on the grass.**

(2)**Is there an aquarium in this town?**

(3)**No, there is not[isn't].**

／(解説)

1 カフェで冷たいものを飲むことが予想される。

🎵 *A:* It's very hot today. I'm thirsty.

B: Well, there is a cafe near here. How
about drinking something cold there?

A: Sounds good.

Q: What are they going to do?

訳 A：今日はとても暑いですね。私はのどがか
わきました。

B：そうですね,この近くにカフェがあります。
そこで何か冷たいものを飲みませんか。

A：いいですね。

質問：彼らは何をしますか。

2 (1) ⚠️ミス注意! thousands of ～ で「非常にたく
さんの～, 数千の～」となる。thousand「1,000」
が具体的な数字(例：two thousand「2,000」)を
表すときは複数形にならないが, この表現では
複数形になることに注意する。

(2)「A に B を供給する」は provide A with B

で表す。

(3) **ミス注意!** 付加疑問文。主語が女性で動詞が is なので，**, isn't she?** を文末に加える。

3 (1)There の文。時制が過去で後ろの名詞が複数。

(2)〈**start＋動詞の -ing 形**〉で「～し始める」。

(3)助動詞 must の後ろは動詞の原形。

(4) **ミス注意!** water などの数えられない名詞は単数として扱う。

(5)動名詞。〈**短母音＋子音字**〉で終わる語は，子音字を重ねてから ing をつける。

4 (1)「1 週間には 7 日あります。」という意味。

(2)命令文を must not ～「～してはいけない」の文に書きかえる。

(3)to 不定詞（名詞用法）と動名詞の書きかえ。start, like などは to 不定詞と動名詞の両方を目的語にとることができる。

(4)because the weather was bad「天気が悪かったので」を because of the bad weather「悪天候のために」に書きかえる。

5 (3) Is there ～? の文にする。anything to ～「～すべき何か」

(4) There are ～. の文。

6 (1)There is ～. の文。「～のそばに」は by ～。

(2)動名詞（growing）を主語にする。「とても楽しい」は a lot of fun。

(3) **ミス注意!** 「看板には～と書いてある」The sign says ～のあとに「あなたは～に注意しなければならない」you must beware of ～を続ける。

(4)「いくつ～」と数を問うときは，〈**How many ＋名詞の複数形**〉で表す。

7 (1)「～して楽しむ」は enjoy -ing で表す。

(2)(3) there の文の疑問文と No の応答。

p.26 ～ p.27 予想問題 ❷

1 (1)**Yes, there is.**

(2)**There are three (cups).**

2 (1)**recommend, else** (2)**turned into**

(3)**liters of** (4)**parts of**

3 (1)**must practice**

(2)**Is, anything, there isn't[there's not]**

(3)**Singing, is** (4)**doesn't he**

4 (1)**エ** (2)**オ** (3)**ア** (4)**イ**

5 (1)その塔はとても簡単なデザインです。

(2)**イ** (3)**竹，天然繊維の綱[なわ]**

(4)**including, lack**

(5)**works without electricity** (6)**nature**

6 (1)**You must not run here.**

(2)**There are a lot of novels**

7 (1)**It stopped snowing in the morning.**

(2)**You must turn off your mobile phones here.**

(3)**There are not[aren't] any apples in our kitchen.**

解説

1 there を使って答える。

♪(1) Is there a bag on the wall?

(2) How many cups are there in the room?

訳(1)壁にかばんがかかっていますか。

(2)部屋にはいくつカップがありますか。

2 (1)「何かほかに」は something else。

(2)「～に変わる」は turn into ～。

(3)「～リットルの」は～ liter(s) of。

(4)「多くの地域」は many parts。

3 (1)〈**must＋動詞の原形**〉の文。

(2)疑問文なので anything を使う。

(3)動名詞は 3 人称単数の扱い。

(4) **ミス注意!** 付加疑問文。主語が単数の男性で，一般動詞の現在の肯定文なので，**, doesn't he?** を文末に加える。

4 会話でよく使う表現。オの make it は「うまくやりとげる」という意味。

5 (1) It は前の文の The tower を指す。

(2)時間の経過を表す in を使う。

(3) such as ～「～のような」の後ろに具体例が挙げられている。

(4)「～を含めて」は including ～，「不足」は lack。

(5)「エネルギーを浪費しない」は 1 段落目最終文の「電気なしで動く」に対応している。

(6)「それ（＝自然）から学ぶ」

6 (1) must not ～「～してはいけない」の文。

(2) a lot of ～「たくさんの～」

7 (1) **ミス注意!** stop は動名詞を目的語にとる。最後の p を重ねて過去形をつくる。

(2)「（電源を）切る」は turn off ～。

(3)「～は 1 つもない」＝There are not any ～. で表す。any の後ろは複数形にすることに注意。

Lesson 4

1 (1)イ (2)ア

2 (1)終わらせる，終わる (2)よく考える
(3)地域，地方 (4)実際に(は)，実は
(5)すべてのこと(もの) (6)それ自身を(に)
(7)society (8)act (9)law (10)feeling

3 (1)middle of (2)spend (3)During
(4)before (5)invited, to

4 (1)to him (2)us math (3)me cookies

5 (1)Uluru, Ayers Rock
(2)eighteen seventy-three
(3)made them sad

6 (1)calls me (2)made, excited

7 (1)**We must[have to] wear a school
uniform.**
(2)**You don't have to do the laundry
today.**

8 (1)**He looks very sleepy.**
(2)**This rope looks like a snake.**

9 (1)**Who teaches you English?**
[Who teaches English to you?]
(2)**What do you call the[that] cat?**

解説

1 (1)男の子がしたことに注意して聞き取る。
🔊 ア　The girl bought some flowers for a boy.
　 イ　The boy gave a girl some flowers.
　 ウ　The boy made a girl sad.
訳 ア　女の子は男の子に花を買いました。
　 イ　男の子は女の子に花をあげました。
　 ウ　男の子は女の子を悲しくさせました。
(2)本を読んで悲しんでいるのでアが一致。
🔊 ア　The book made the boy sad.
　 イ　The boy didn't read the book.
　 ウ　The boy's mother gave him a book.
訳 ア　その本は男の子を悲しませました。
　 イ　その男の子はその本を読みませんでした。
　 ウ　その男の子のお母さんは彼に本をあげました。

2 (5)everything は主語で使うときは単数の扱いになる。Everything is OK.「すべて順調です。」

(9)law[lɔ́ː]「法律」は low[lóu]「低い」と混同しないこと。

3 (3) ミス注意! 〈for＋時間の長さ〉で時間の長さ，〈during＋特定の期間〉で期間を示す。ここでは the day と特定の期間が続いているので，during を使う。
(4)before には接続詞のほかに before dinner「夕食の前に」など，前置詞の用法もある。
(5)「～を…に招く」は invite ～ to …。

4 (1)「A に B をあげる」:give＋A(人)＋B(もの)
⇔ give＋B＋to＋A の書きかえ。
(2)「A に B を教える」:teach＋B＋to＋A ⇔ teach＋A＋B の書きかえ。
(3)「A に B を作る」:make＋B＋for＋A ⇔ make＋A＋B の書きかえ。

5 (1)アナング族は「ウルル」と呼び，イギリスの探検隊は「エアーズ・ロック」と名づけた。
(2)1999 年以前は，ふつう前 2 桁と後ろ 2 桁に分けて読む。seventy-three はハイフン(-)を忘れないようにする。
(3)〈make＋A＋B〉「A を B(の状態)にする」の文にする。

6 ミス注意! (1)「A を B と呼ぶ」は call＋A＋B。
(2)make＋A＋B の過去の文。

7 (1)「～しなければならない」は must[have to] ～で表す。
(2)「～しなくてもよい」(不必要)は don't have to ～で表す。must not ～「～してはいけない」(禁止)と混同しないように注意。

8 (1)「～に見える」は〈look＋形容詞〉。
(2)「～のように見える」は〈look like＋名詞〉。

9 (1) ミス注意! 主語になる疑問詞の Who は 3 人称単数として扱うので，動詞は teaches。
(2)疑問詞の What を使う。

> **ポイント**
> ・〈動詞＋A＋B〉の文は，書きかえ問題で問われることが多い！

1 エ

2 (1)**looks like** (2)**Instead**
(3)**take notes** (4)**over, ago**

3 (1)**Give me something to drink.**
(2)**to make the world a better place**

9

(3)**Can you tell me the boarding time for**

4 (1)イ (2)ア

5 (1)ウ (2)**itself** (3)**welcome you to Uluru**
(4)エ (5)**before, act**

6 (1)**She always keeps her desk clean.**
(2)**Raise your hand if you have any questions.**
(3)**You must[have to] be kind to people around you.**

7 (1)**Why did you name the dog Shiro?**
(2)**He doesn't have to finish（doing）the exercise today.**

解説

1 have to のあとの動詞に注意して聞き取る。
♪*A:* It's already seven thirty. You have to get up and have breakfast now.
B: OK. I'll do it.
訳 A：もう7時30分です。あなたは今起きて朝食を食べなければなりません。
B：わかりました。そうします。

2 (1)「(名詞)のように見える」は〈look like＋名詞〉で表す。

3 (1)〈give＋A(人)＋B(もの)〉を使った文。「何か飲むもの」は to 不定詞を使って表す。
(2) ✗ミス注意! **make＋A＋B**「AをB(の状態)にする」を使うが，A が the world，B は a better place になる。B に名詞がくることもある。
(3)依頼の文は **Can[Will] you ～?** で表す。「A に B を教える」は **tell＋A＋B** または **tell＋B＋to＋A** で表せるが，ここでは to がないので前者の形をとる。for を使う場所に注意する。the boarding time for our flight で「私たちの飛行機の搭乗時刻」の意味。

4 (1)「ええと。」は Let's see. や Let me think.。
(2)What happened? で「何が起こったのですか。」という意味。ウは「その通りです。」，エは「では始めましょう。」という意味。

5 (1)形容詞用法。
(2)「それ自身」は itself。
(3)**welcome（～）to ...** で「(～を)…に歓迎する」という意味。to を補う。
(4)〈**share ～ with ...**〉で「～を…と共有する」。

(5)「～する前に」は before ～，「行動する」は act。

6 (1)「A を B に保つ」は **keep＋A＋B** で表す。
(2)「もし～ならば」は if を使って表す。
(3)「～しなければならない」は must[have to] ～で表す。

7 (1) ✗ミス注意! 「なぜ」は why，「名づける」は動詞 name で表す。
(2)「～する必要はない，しなくてよい」は don't have to ～で表す。主語が3人称単数なので doesn't を使う。「終える」は finish だが，動名詞を使って finish doing the exercise としてもよい。

p.34～p.35 予想問題 ②

1 (1)ア (2)ウ

2 (1)**went camping** (2)**turn, in**
(3)**tell, way** (4)**Can[May] I**

3 (1)**look** (2)**teach** (3)**name** (4)**buy**

4 (1)**letters to me** (2)**don't have**
(3)**call her Yuri** (4)**looks like**

5 (1)**There are** (2)**World Heritage Sites**
(3)**tell me something important**
(4)美しい絵画や彫像

6 (1)**My father made us delicious curry.**
(2)**How did he spend his time in China?**
(3)**have to be at the gate 30 minutes before**

7 (1)**I gave my（older）sister some cookies. [I gave some cookies to my（older）sister.]**
(2)**His words will make Emma angry.**

解説

1 (1)空腹なので食べ物がほしいと言っている。
♪*A:* You look tired. Are you OK?
B: I'm just hungry. Can I have something to eat?
訳 A：疲れているようですね。大丈夫ですか。
B：空腹なだけです。何か食べるものをもらえますか。
(2)「何をおばにあげたか」と聞かれている。
♪*A:* It was my aunt's birthday yesterday.
B: Nice. What did you give her?
訳 A：きのうは私のおばの誕生日でした。
B：いいですね。あなたは何を彼女にあげた

のですか。

② (3)「～への道を教えてもらえますか。」は **Can you tell me the way to ～?** で表す。
(4)**Can〔May〕I ～?** の文。

③ (1) sick「病気の」は形容詞なので look が適切。
(2) math「数学」とあるので teach「教える」が適切。
(3)「彼らは赤ちゃんをトマスと名づけたのですか。」
(4) for があるので give ではなく buy が適切。

④ (1)「A に B を書く」：**write＋A＋B ⇔ write ＋B＋to＋A** の書きかえ。
(2) ⚡ミス注意! **don't have to ～** の文にする。
(3) **call＋A＋B** の文にする。
(4) an engineer「技術者」（名詞）が後ろにくるので **look like ～** を使う。

⑤ (1) there の文。後ろが複数なので be 動詞は are にする。
(2)前文の「世界遺産」を指す。
(3) ⚡ミス注意! 形容詞が something を後ろから修飾する形。
(4)最後から 2 文目参照。

⑥ (1) **make＋A＋B**「A に B を作る」の文にする。
(2) how を使って「どのように～」という文にする。
(3) before は前置詞としても使える。〈時間＋**before ～**〉「～の(時間)前」

⑦ (1) ⚡ミス注意! **give＋A＋B** の文。過去の文なので gave にする。「クッキー」は単数形が cookie で複数形が cookies である。
(2)言葉はふつう 1 語ではないので words と複数形にすることに注意。また，単純未来のことなので will を使う。

Reading for Fun 1

p.37 テスト対策問題
① (1)イ (2)ア
② (1)心配する，気をもむ (2)しめる，閉じる
(3)壊す，割る
(4)もの (5)**awful** (6)**believe**
(7)**sugar** (8)**poison**
③ (1)**check, out** (2)**a few**
④ (1)**Will it be hot tomorrow? ― Yes, it**

will.
(2)**Let's play soccer. ― No, let's not.**
(3)**Take this coat.**
⑤ (1)**Ken and I are going to visit Nara.**
(2)**She must be hungry.**

解説
① (1)週末の予定を聞き返されている。未来を表す文で答える。
♪ A: Do you have any plans for this weekend?
B: Yes. I'm going to visit the museum. How about you?
訳 A：今週末，あなたは何か予定はありますか。
B：はい。博物館を訪れるつもりです。あなたはどうですか。
(2)**Shall we ～?** の疑問文に答える。
♪ A: I like old temples and shrines.
B: I'm interested in them, too.
A: Really? Shall we visit some of them in this city?
訳 A：ぼくは古い寺院や神社が好きです。
B：私もそれらに興味があります。
A：本当ですか。この市にあるそれらのうちのいくつかを訪ねましょうか。

② (2)(3)不規則動詞。過去形はそれぞれ shut, broke。
③ (2) a few ～ で「少しの～」。
④ (1)**Will it be ～?** の文と Yes での応答。
(2)**Let's ～.** の文と No での応答。
(3)命令文は動詞の原形で文を始める。
⑤ (1) ⚡ミス注意! be going to の文で表す。主語が複数(Ken and I)なので be 動詞は are を使う。
(2) must ～「～に違いない」の文。

ポイント
どれも以前習った文法の復習なので，間違えたものはその理由を考え，何度も解きなおそう！

p.38 ～ p.39 予想問題
① ウ
② (1)**all of** (2)**is ringing**
(3)**Don't worry** (4)**in trouble**
③ (1)エ (2)イ (3)ウ (4)ア (5)オ
④ (1)**Shall we** (2)**smells**
(3)**We're going to**

5 (1)be back in a few hours　(2)shelves
　(3)that pot　(4)④full of　⑤Be, careful
6 (1)Do not use that dictionary.
　(2)They won't buy the comics.
　(3)You don't have to think about time.
7 (1)She will come here soon.
　(2)Be kind to your family.
　(3)The news must be true.

解説

1 当日の天気が「くもり」，翌日は「雨のち晴れ」。
♪ *A:* It's Monday today.　The weather
　　　report says it will be cloudy today.
　B: I see.　How about tomorrow?
　A: It will be rainy, but sunny later.
訳 A：今日は月曜日です。天気予報によると今
　　　日はくもりです。
　B：なるほど。あしたはどうですか。
　A：雨が降りますが，あとで晴れます。
2 (2)現在進行形〈be 動詞＋動詞の ing 形〉の文。
(3)否定の命令文は Don't で文を始める。「心配
する」は worry。
3 (2)助動詞の must ～で「～に違いない」を表せる。
(3) minute は「(時間の)分」の意味だが，a
minute で「ちょっとの間」を意味する。
(4)ここでの mean は「～のことをいう」。
4 (1)Let's で始まる文を Shall we ～? の文に
書きかえる。
(2)〈smell＋形容詞〉で「～のにおいがする」。
(3) ミス注意! be going to ～の未来の文。空
所の数より，短縮形を使う。
5 (1)in a few hours は「数時間で」という意味。
(3)和尚の 2 番目の発言にある that pot を指す。
(4)④「～でいっぱいの」は be full of ～。⑤
be 動詞の命令文。be careful で「気をつける」。
6 (1)否定の命令文。語群より，Do not ～とする。
(2)will を使った否定文。
(3)don't have to ～「～しなくてよい，する必
要はない」の文。
7 (1)will を使った肯定文。
(2) ミス注意! be 動詞の命令文。原形の Be で
文を始める。「～に親切である」は be kind to ～。
(3)助動詞 must を使った文。「本当の」は true。

Lesson 5 ～ Project 2

1 (1)ア　(2)ウ
2 (1)選ぶ，選択する　(2)比較する，比べる
　(3)含む，含める　(4)重い　(5)娘　(6)機会
　(7)young　(8)result　(9)country　(10)south
3 (1)Thank, for　(2)members of
　(3)had, fun　(4)better than
4 (1)stronger　(2)largest　(3)heavier
　(4)biggest
5 (1)more valuable[expensive]
　(2)most popular
6 (1)were as interesting as
　(2)②ウ　③ア
7 (1)Her grandfather is as old as her
　grandmother.[Her grandmother is
　as old as her grandfather.]
　(2)This room is not[isn't] as large[big]
　as that one[room].
8 (1)earliest　(2)more　(3)best
9 (1)how to　(2)where, go
10 Why don't we
11 (1)Kaito is the busiest in his family.
　(2)This movie is more exciting than
　that movie[one].

解説

1 (1)背の高さは健＞由香＝早紀となる。
♪　Ken is taller than his sister Yuka.　Their
　cousin Saki is as tall as Yuka.
　Q: Who is the tallest of the three?
訳　健は姉[妹]の由香よりも背が高いです。彼
　らのいとこの早紀は由香と同じくらいの背の
　高さです。
　質問：その 3 人の中で，だれが最も背が高い
　　　　ですか。
(2)ア「白いネコは黒いネコよりも小さいです。」，
イ「2 匹のネコは同じ年齢です。」，ウ「黒いネ
コは白いネコよりも小さいです。」
♪　Mari has a black cat and a white one.
　The black cat is 5 years old, and the white
　cat is 3 years old.　However, the white cat
　is bigger than the black one.

Q: Which is true?

訳 真里は黒いネコと白いネコを飼っています。黒いネコは 5 歳で，白いネコは 3 歳です。しかし，白いネコは黒いネコよりも大きいです。質問：どれが正しいですか。

2 (6) opportunity「機会」は下線部がアクセント。

3 (1)「～してくれてありがとう。」というときは Thank you for -ing. と動名詞を使う。

(2) ミス注意！ 単数なら a member of だが，複数の場合は members of となる。

(3)「楽しむ」は have fun，have a good time，enjoy などで表せる。ここでは a lot of があるので have fun が適切。

(4)「…より～のほうが好き」は **like ～ better than ...**，「～が最も好き」は **like ～ the best**。

4 (1)(3)は比較級，(2)(4)は最上級にする。

5 (1)(2)つづりの長い語の比較級・最上級は前に more，most をつける。

6 (1)「…と同じくらい～」は **as ～ as ...** の語順になる。

(2)② *shodo*「書道」の言いかえ。calligraphy は「書法」という意味。

③「料金はかなり高かったですが，私は着物を着ることのほうが気に入りました。」となる。接続詞の although は「～だけれども」の意味。

7 (1) **as ～ as ...** は程度が同等であることを表す。この old は「古い，老齢の」の意味ではなく，「年を重ねている」の意味。

(2) ミス注意！ **not as ～ as ...**「…ほど～でない」

8 (1)副詞の最上級。

(2) much「たくさん」は much−more−most と不規則に変化する。

(3) well「上手に」は well−better−best と不規則に変化する。

9 (1) **how to ～** で「どのように～すればよいか」，「～の仕方」を表す。

(2)「どこへ行けばよいか」は where to go。

10 「～しませんか。」と誘うときは **Why don't we ～?** で表す。

11 (1)最上級の文にする。「彼の家族」his family は集団なので前に in を置く。また，形容詞の最上級なので the を忘れないこと。

(2) exciting「わくわくする」はつづりの長い語

なので比較級は more を使う。

ポイント
• 最上級の後ろに続ける前置詞は，〈in＋範囲，集団〉，〈of＋複数を表す名詞〉となる。

p.44 ～ p.45 予想問題 ❶

1 (1)ウ (2)ア
2 イ
3 (1)by yourself (2)half of
(3)participate in
4 (1)as long (2)don't, as, as
(3)the best of
5 (1)エ (2)ア
6 (1)① couple of ② in Japanese
(2)more interesting than other activities
(3)the welcome party (4)seeing
7 (1)We will offer you some choices.
(2)I'd like to learn how to arrange flowers.
(3)Which do you like better, cats or
8 (1)My mother is younger than my father.
(2)That statue is the most valuable of the three.
(3)He studies English as hard as you.

解説

1 体重と 50 m 走の速さに注目する。

♪(1) Who is the heaviest person of all?

(2) Who runs faster than Bob?

訳(1) すべての人の中で最も体重が重い人はだれですか。

(2) ボブよりも速く走るのはだれですか。

2 ジェーンは三味線が習えることを期待している。

♪*A:* I'm excited about the Japanese music festival today. I want to play the Japanese drum. How about you, Jane?

B: I'm interested in *shamisen*, so I'd like to learn how to play it.

Q: What does Jane want to do at the festival?

訳 A：今日の日本音楽のお祭りについてわくわくしています。ぼくは和太鼓を演奏したいです。あなたはどうですか，ジェーン。

B：私は三味線に興味があるので，三味線の

演奏の仕方を習いたいです。

質問：ジェーンは祭りで何をしたいと思っていますか。

3 (1) by oneself で「独力で」。

4 (1)「あかねトンネルはそのトンネルより長いです。」⇒「そのトンネルはあかねトンネルほど長くありません。」

(2)「私の母は私より早く起きます。」⇒「私は母ほど早く起きません。」

(3)「私の大好きな教科は数学です。」⇒「私はすべての教科の中で数学がいちばん好きです。」

5 ア「私です。」，イ「なるほど。」，ウ「すみませんが，できません。」，エ「ちょっと聞いて。」

6 (1)②「～語で」は〈in＋言語〉。

(2) more を使った比較級の文。

(3)直前の the welcome party「歓迎会」を指す。

(4) **ミス注意!** look forward to -ing で「～することを楽しみに待つ」の意味。to の後ろは動名詞。

7 (1)〈offer＋A＋B〉で「AにBを提供する」。

(2)「～したい」は **I'd like to ～**で表せる。「花の活け方」→「どのように花を整えればいいか」。

(3) **ミス注意!**「AとBでは」という日本語になるが，片方を選択する疑問文なので，ここで使うのは or である。

8 (1)比較級の文。「若い」は young。

(2) valuable「価値がある」はつづりの長い単語なので最上級は most を使う。比較の対象は the three「その3体」と複数を表す語なので，前置詞は of が適切。

(3) He studies English hard.「彼は英語をいっしょうけんめい勉強します。」に **as ～ as ...** の構文を組み合わせる。

p.46～p.47　予想問題 ❷

1 イ

2 (1)**Keep warm** (2)**couple of**
(3)**history of** (4)**looking forward, wearing**

3 (1)**Can[May], speak[talk]**
(2)**Which, better, better** (3)**Why, I'd**

4 (1)**as old as** (2)**more expensive than**
(3)**highest in, prefecture**
(4)**more books than**

5 (1)① イ ② エ

(2)**do you like the best** (3)**third**
(4)**how to make[cook]**

6 (1)**Who runs fastest in your**
(2)**the most important thing to organize**
(3)**I asked my sister what to do.**

7 (1)**Mike is not as tall as his father.**
(2)**My grandfather goes to bed (the) earliest in my family.**
(3)**I don't know when to come here.**

解説

1 クラスでの人気は，サッカー＞野球＞バスケットボール＞バレーボールの順。

♪ *A*: I asked my classmates, "What sport do you like the best?"

B: Tell me the results of the survey.

A: OK. Soccer is the most popular. Baseball is the second. Basketball is more popular than volleyball.

訳 A：私はクラスメートに「あなたたちは何のスポーツが最も好きですか。」とたずねました。

B：その調査の結果を教えてください。

A：いいですよ。サッカーが最も人気があります。野球が2番目です。バスケットボールはバレーボールよりも人気があります。

2 (4) **ミス注意!** look forward to -ing は，教科書では現在形で使われているが，現在進行形で使われることが多い。また，to の後ろに行為が入るときは動名詞(-ing 形)になることに注意。

3 (2)「英語と数学では，あなたはどちらの教科が好きですか。」

(3) Why don't we ～?「～しませんか。」

4 (1) 2人は同い年である。

(2)「より高価な」は more expensive とする。

(3)最上級の文。「県，府」は prefecture。

(4) many「多くの」は many－more－most と不規則に変化する。more books than の語順に注意。

5 (1)①「初めて」は for the first time。

②「さまざまな」different が適切。

(2) **like ～ the best** を使った文。

(3)〈the＋序数〉「～番目の」

(4) how to ～で「～の仕方」。

14

6 (1)副詞の最上級の文。the が省略されている。

(2)the most important thing を形容詞用法の to 不定詞で修飾する。

(3)**what to do** で「何をすればよいか」。

7 (1) ⚡ミス注意! 「…ほど～ない」は as ～ as ... の否定文で表す。

(2)副詞の最上級の文。

(3)「いつ～すればよいか」は〈**when＋to 不定詞**〉。

Lesson 6

p.50 ～ p.51 テスト対策問題

1 (1)**イ** (2)**ア**

2 (1)**葉** (2)**用意ができて**

(3)**湿気の多い** (4)**列車，電車** (5)**食事**

(6)**型，種類** (7)**manager** (8)**Europe**

(9)**east** (10)**medicine**

3 (1)**Here are** (2)**years old**

(3)**plenty of** (4)**in, way** (5)**one, singers**

4 (1)**I have[I've] practiced the jazz piano since last year.**

(2)**My aunt has stayed in Kyoto for two days.**

(3)**We have been good friends since we were children.**

5 (1)**Since** (2)**a test** (3)**イ**

6 (1)**Have you** (2)**Have, haven't**

7 (1)**How long have these students cleaned the park?**

(2)**How long has Tom belonged to a tennis team?**

8 (1)**Could[Would] you**

(2)**afraid[sorry], can't[cannot]**

9 (1)**I have[I've] lived in Yokohama for ten years.**

(2)**Has he been sick since yesterday? — Yes, he has.**

解説

1 (1)今はジャイアンツファンになっている。

🎵 Mr. Sato was a Tigers fan when he was young. But he is a Giants fan now.

Q: Has Mr. Sato been a Tigers fan since he was young?

訳 佐藤さんは若いころタイガースファンでした。しかし今はジャイアンツファンです。

質問：佐藤さんは若いころからずっとタイガースファンですか。

(2)How long の文には，since や for を使って答えるので**ア**が適切。**イ**の Three hours ago. という答え方は，When did she come to the library? のように過去形の疑問文の答え方になる。

🎵 Jane came to the library three hours ago. She is still reading a book there now.

Q: How long has Jane been in the library?

訳 ジェーンは 3 時間前に図書館に来ました。彼女は今もまだそこで本を読んでいます。

質問：ジェーンはどれくらいの間図書館にいますか。

2 (1)leaf「葉」(複数形 leaves)

(2)ready「用意ができて」は形容詞なので，be 動詞などと共に使う。prepare (for ～)「(～を)準備する」は動詞。

(5)meal「(1 回の)食事」は lunch や dinner と異なり数えられる名詞である。

(9)north「北」, south「南」, east「東」, west「西」

3 (1)「ここに～があります。」は **Here is[are] ～.** で表す。be 動詞は後ろの名詞の数にあわせる。

(2)「～歳」は **～ year(s) old**。

(4)この way は「方法」という意味。

(5) ⚡ミス注意! 「最も～のうちの 1 つ」＝〈**one of the＋最上級＋名詞の複数形**〉は of の後ろの名詞が複数形になることに注意。

4 (1)規則動詞の過去分詞は過去形と同じ形。

(2)主語が 3 人称単数の場合は，has を使う。

(3)be 動詞の過去分詞は been。

5 (1)Since 2016「2016 年から」

(2)it は a test「試験」を指す。

(3)近い意味なのは nearly「ほとんど，ほぼ」。

6 (1)応答文の主語が I なので，たずねる文には have と you を使う。

(2) ⚡ミス注意! 主語が複数なので have を使う。応答文では空所の数から短縮形の haven't を使う。

7 「どのくらい(長く)～していますか」は How long のあとに，現在完了形の疑問文の語順を続ける。

8 (1)「～していただけますか。」とていねいに依頼するときは **Could you ～?** を使う。この表現は **Can you ～?** や **Will you ～?** よりもていねいな印象を与える。

(2)「残念ですが～」は **I'm afraid (that) ～.**

9 (1)現在完了形〈have[has]＋動詞の過去分詞〉の文。「～の間」は前置詞の for を使う。

(2) ⚡ミス注意! 「彼は具合が悪い」は He is sick. であり，これを現在完了形にすると He has been sick (since yesterday). となる。あとは疑問文〈Have[Has]＋主語＋動詞の過去分詞～?〉の語順にすればよい。

●ポイント●
• 現在完了形の継続用法では for「～の間」または since「～から(ずっと)」を用いることが多い。since は接続詞として，〈since＋主語＋動詞〉の形でも使える。

p.52～p.53　予想問題

1 ウ

2 (1)meters long　(2)wrapped, in
(3)asked, for　(4)the matter with

3 (1)since　(2)for　(3)for　(4)since

4 ①ウ　②ア　③オ　④エ

5 (1)①enjoyed　④became　⑤preparing
(2)Chinese people
(3)tea also made people active
(4)新鮮で苦い風味

6 (1)I've been, since
(2)Has, worked, hasn't
(3)How long have, studied

7 (1)She has kept the handout for a long time.
(2)How long have you been interested in the[that] singer?
(3)Could you make a copy of this paper?

✐解説

1 トムは 12 歳のときに父親からかばんをもらって以来，そのかばんを使っている。

♪ *A:* Tom, your bag is nice.
B: Thank you. My father gave it to me when I was twelve years old. I have used it since then.
A: I see. You have used it for two years.

訳 A：トム，あなたのかばんはすてきです。
B：ありがとう。ぼくが 12 歳のとき，父がぼくにそれをくれました。ぼくはその時からそれを使っています。
A：なるほど。あなたは 2 年間それを使っているのですね。

2 (1) ⚡ミス注意! 「～メートルの長さ」は～ meter(s) long。1 メートルより長いときは meters となることに注意。
(4)会話表現。前置詞の with を用いる。

3 (1)あとに〈主語＋動詞〉が続いているので，since が適切。
(2)(3)あとに期間を表す語句が続いているので，for が適切。
(4)あとに始まりの時点を表す語句が続いているので，since が適切。

4 アは「私は困っています。」，イは「すみませんができません。」，ウは「お手伝いしましょうか。」，エは「感謝します。」，オは「あなたをそこへお連れしましょうか。」という意味。

5 (1)①現在完了形(継続用法)。　④過去形。⑤動名詞(-ing 形)。
(2)Chinese people「中国の人々」を指す。
(3)make＋A＋B「A を B (の状態)にする」
(4)緑茶の風味の特徴は，直前の文の their fresh and bitter taste である。

6 (1) ⚡ミス注意! 〈have[has]＋動詞の過去分詞〉で表すが，空欄の数から短縮形の I've が適切。
(2)疑問文は has を主語の前に置く。応答文では短縮形の hasn't を使う。
(3)期間をたずねるときは How long を使う。

7 (1)不規則動詞 keep「持ち続ける」の過去分詞は kept。「長い間」は for a long time。
(2)期間をたずねる文。「あなたは～に興味を持っている」は現在形では You are interested in ～だが，現在完了形では You have been interested in ～となる。
(3)ていねいに依頼する文。

Lesson 7 ～ Project 3

p.56～p.57　テスト対策問題

1 (1)イ　(2)ウ

2 (1)説明する　(2)始まる，始める
　(3)続ける，続く　(4)笑う
　(5)質，品質，特質　(6)産物，製品
　(7)conversation　(8)poor　(9)difficulty
　(10)manners

3 (1)have, minute　(2)Lucky
　(3)Welcome to　(4)afraid of
　(5)make sounds　(6)promised to

4 (1)We have just arrived at the city hall.
　(2)She has already washed the dishes.

5 (1)Has, heard, yet, has
　(2)have not, yet

6 (1)someone to go with　(2)イ　(3)been

7 (1)I have climbed the mountain twice.
　(2)Have you ever traveled to China?
　(3)She has never worn this dress.

8 (1)should be　(2)might[may]　(3)used to

9 (1)They have just finished watching
　　[seeing] a movie.
　(2)I have[I've] been to[visited] Hokkaido
　　once.

解説

1 (1)来週のオーストラリア旅行が初めての海外
旅行である。

♪　Miho is going to visit Australia next
week. This will be her first trip overseas.
　Q:　Has Miho ever been to Australia?
訳　美穂は来週，オーストラリアを訪れる予定
です。これが彼女の初めての海外旅行になり
ます。
　質問：美穂は今までにオーストラリアに行っ
　　　　たことがありますか。
(2)トムは宿題をしなければならない。つまり，
ウ「なぜなら彼はまだ宿題をしていないから。」
が適切。

♪　Tom has to finish his homework today.
So he can't go fishing in the river with his
friends.
　Q:　Why is Tom at home?
訳　トムは今日，宿題を終えなければなりませ
ん。だから彼は友達と川に魚釣りに行くこと
ができません。
　質問：なぜトムは家にいるのですか。

2 (10)日本語ではマナーだが，英語では常に複数
形(manners)で用いる。

3 (1) minute は「(時間の)分」の意味。a minute
で「ちょっとの間」となる。
　(4)「～を怖がる」は〈be afraid of ～〉。

4 現在完了形は〈have[has]＋動詞の過去分
詞〉で表す。完了用法の肯定文でよく使う副詞
の just「ちょうど」や already「すでに」は have
[has]と動詞の過去分詞の間に置くことに注意。

5 ⚡ミス注意! (1)完了用法の疑問文で「もう(～
しましたか)」という場合は，ふつう yet を文
末で使う。
　(2)完了用法の否定文で「まだ(～していません)」
という場合にも，yet を文末で使う。

6 (1) ⚡ミス注意! 「だれかといっしょに行く」は
go with someone となるので，形容詞用法の
to 不定詞で「いっしょに行くだれか」を表す
と someone to go with となる。
　(2)I'd love to (～). は「喜んで(～したい)。」
という意味。直前の文の内容を踏まえて答える。
　(3)be の過去分詞は been。

7 (1)経験用法の肯定文。twice「2度」は文末。
　(2)経験用法の疑問文。ever「これまでに」は主
語と動詞の過去分詞の間に置く。
　(3)経験用法の否定文。否定語の never「一度も
～ない」は have[has]と動詞の過去分詞の間。

8 (1)「～すべきだ」(must より弱い義務)は
〈should＋動詞の原形〉を使う。
　(2)「～かもしれない」(可能性)は〈might＋動
詞の原形〉を使う。may でも同じ意味を表せる。
　(3)「以前は～だった」は〈used to＋動詞の原形〉。

9 (1)〈have[has] just＋動詞の過去分詞〉「ち
ょうど～したところだ」
　(2)「～に行ったことがある」は be 動詞の過去
分詞を使った have[has] been to ～で表す。
once「1度」は文末に置く。

・ポイント・
　・have[has] been in ～「(ずっと)～にいる」
　　(継続用法)
　・have[has] been to ～ 「～に行ったことが
　　ある」(経験用法)

p.58 ～ p.59　予想問題

1 ウ

2 (1)for, pleasure　(2)Both of

(3)difference between, and

(4)in common　(5)Why don't

3 (1)I have[I've] seen the movie three times.

(2)Has the train left yet?

— No, it has not[hasn't].

(3)I have[I've] never visited the museum.

4 ①オ　②イ

5 (1)ウ　(2)②performing　③heard

(3)a Japanese joke

(4)people all over the world

(5)How long

(6)been to

6 (1)Emi and her family have <u>been</u> to Nagano many times.

(2)I have not <u>sent</u> an e-mail to him yet.

7 (1)He has already done his homework.

(2)Have you ever played the[that] game?

— Yes, I have.

解説

1 皿洗いと洗濯は終わっている。残っているのは今作業中のパン作りとそのあとにする予定の部屋のそうじである。

　A: Have you washed the dishes yet, Yuka?

　B: Yes, I have. I've done the laundry, too. I'm baking bread now.

　A: Great! After that, you will clean your room, right?

　B: Yes. I have many things to do today.

訳 A：あなたはもう皿を洗いましたか，由香。

　B：はい，しました。私は洗濯もしました。私は今はパンを焼いているところです。

　A：すばらしい！　そのあとに，部屋のそうじをするのですよね。

　B：はい。私は今日するべきことがたくさんあります。

2 (2)「~の両方」は **both of ~**。

(3)「AとBの違い」は **the difference between A and B**。

(4)「共通の~を持っている」は **have ~ in** common。

(5)「~してはどうか。」と提案するときは **Why don't you ~?** などで表す。

3 (1) ＜ミス注意！ see「見る」－saw－seen と不規則に変化する。回数を表す語句は文末に置き，once「1度」，twice「2度」，three times「3度」で，3回以上は **~ times** となる。

(2)疑問文なので already を yet に置きかえる。

(3) never は have[has]と動詞の過去分詞の間に置く。

4 アは「私には考えがあります。」，イは「でも私たちの町のほうがよいかもしれません。」，ウは「私は以前そこに住んでいました。」，エは「私もそう思います。」，オは「私たちは何について話すべきですか。」という意味。

5 (1) a few ~ は「少数の~」という意味なので，several「いくつかの」が適切。

(2) ＜ミス注意！ ② start のあとは to 不定詞と動名詞のどちらも可能だが，1語という指定があるので後者が適切。　③ hear の過去分詞は heard。

(3) a Japanese joke「日本の冗談」を指す。

(4)「世界中の」は all over the world。

(5)直後で「約25年間」と答えているので，期間をたずねているとわかる。

(6)「~に行ったことがある」は have[has] been to ~。

6 (1) **have[has] been to ~** の文にするので，不足している been を補う。

(2) send「送る」－sent－sent と不規則に変化。yet「まだ（~していません）」を文末に置く。

7 (1)肯定文の「すでに」は already を使う。do「する」－did－done。

(2)疑問文で使う ever「今までに」は主語と動詞の過去分詞の間に置く。

Reading for Fun 2

p.61　テスト対策問題

1 (1)イ　(2)ア

2 (1)足す，加える　(2)気がつく，注目する

(3)ただ単に　(4)だれか　(5)砂漠　(6)速く

(7)order　(8)(the) earth　(9)alone

(10)planet

3 (1)enough，Exactly[Right]

(2)went out　(3)either

4 (1)I have nothing to tell you.

(2)How beautiful she is!

5 (1)He is[He's] so busy that he can't help you.

(2)There is no book[There are no books] on the[a] shelf.

(3)She does not[doesn't] have any plans today.

解説

1 (1)かばんが重くて運べないという内容。

♪ア　The book is so expensive that Kenta can't buy it.

イ　The bag is so heavy that Kenta can't carry it.

ウ　Kenta is so sleepy that he can't do his homework.

訳 ア　その本はとても高価なので，健太はそれを買えません。

イ　そのかばんはとても重いので，健太はそれを運べません。

ウ　健太はとても眠いので，宿題ができません。

(2)壁には絵がかかっていないが, 机の上にはカップに入った飲み物があり，部屋にはいすがある。

♪ア　There are no pictures on the wall.

イ　There are no cups in the room.

ウ　There are no chairs in the room.

訳 ア　壁には絵が1枚もかかっていません。

イ　部屋にはカップが1つもありません。

ウ　部屋にはいすが1つもありません。

2 (4)somebody「だれか」(＝someone)

3 (2)「外出する」は go out。ここでは go は過去形 went にする。

(3) [ミス注意!] 肯定文に対応して「～もまた」は too を使うが，否定文に対応して「～もまた(～ない)」というときは either を使う。

4 (1)nothing「何も～ない」はそれ自体が否定語なので，not を使う必要がない。

(2)非常に驚いて「なんと～！」という場合は，**How ～!** とする。

5 (1)「とても～なので…」は **so ～ that ...** で表す。that の後ろは〈主語＋動詞〉の語順。

(2) [ミス注意!] (3)「1つも～ない」は〈**no＋名詞**〉または〈**not any＋名詞**〉で表す。(2)は no が指定語なので前者，(3)は any が指定語なので後者の形。

ポイント

文の書き方は1つではなく，色々な形に書きかえられることが多い。1つの文法を習ったら，書きかえ表現もいっしょに覚えよう！

p.62～p.63　予想問題

1 (1)イ　(2)ウ

2 (1)went on，trip　(2)in total

(3)without，permission　(4)belongs to

(5)What sport(s)

(6)plus，makes

3 (1)The rackets over there are all hers.

(2)practice volleyball to participate in the next game

(3)Those girls were drawing pictures at that time.

(4)My brother wants to read this book.

4 (1)①ウ　②ア　③イ　④ア

(2)there，no

5 (1)Why does Mika study hard?

(2)We will go to the lake if it is clear[sunny] tomorrow.

(3)Tom has not[hasn't] cleaned his room yet.

6 (1)I was so hungry that I had[ate] three hamburgers.

(2)He did not[didn't] have anything to drink.

(3)Don't come here.

解説

1 (1)ジャックは今日何もするべきことがない。

♪ A:　I have a lot of homework to do today. What about you, Jack?

B:　I have nothing to do today, so I'm going to the movie theater.

Q:　Is Jack busy today?

訳 A：私は今日しなければならない宿題がたく

19

さんあります。あなたはどうですか，ジ
ャック。

B：ぼくは今日何もするべきことがないので，
映画館に行く予定です。

質問：ジャックは今日忙しいですか。

(2) 2人とも解答できていない。

♪ *A:* This question is so difficult that I
can't answer it. Can you answer it,
Bob?

B: Let's see .... Hmm, how difficult! I
can't, either.

Q: Which is true?

訳 A：この問題はとても難しいので，私はそれ
を解けません。あなたはそれを解けます
か，ボブ。

B：ええと…。ふうむ，なんと難しいのでし
ょう！　ぼくも解けません。

質問：どれが正しいですか。

2 (1)「～へ旅行に行く」は go on a trip to ～。

(2)「合計で」は in total。

(3)「～の許可なしで」は without one's permission。

(4)「自転車が私に所属している(belong to ～)」
と考える。

(5)「どんな～」は〈**what**＋名詞〉で表す。

(6) ✕ミス注意! 主語の Seven plus three「7 足す
3」がひとまとまりの語句と考えて，3 人称単
数の扱いとなる。

3 (1)主語は over there「向こうの」が後ろから
the rackets を修飾する形にする。

(2)to 不定詞〈**to**＋動詞の原形〉の副詞用法を使
う。

(3)過去進行形〈were＋動詞の -ing 形〉の語順に
する。

4 (1)① 「なんとおもしろい！」 **How ～!** の文。

② **What about ～?**「～はどうですか。」の文。

③ 「それもわかりません。」という意味の文。
否定文なので too ではなく either が適切。

④ write down「書き留める」

(2)〈**no**＋名詞〉「1 つの～もない」の文。

5 (1)「科学者になるために」の部分をたずねる
ので，Why ～?「なぜ～。」の文にする。

(2)if ～「もし～ならば」を加える。

(3)現在完了形の否定文は have[has]の後ろに

not を置く。否定文で「まだ(～ない)」という
ときは，yet を文末に置く。

6 (1) **so ～ that ...**「とても～なので…」の文
で表す。

(2) ✕ミス注意! not anything で「何も～ない」の
意味。not は動詞を否定するので，did not
[didn't] have anything となる。